Minidicionário do discurso eletrônico-digital

Volume I

- Gêneros textuais do discurso eletrônico-digital
- Abreviações/abreviaturas, acrônimos e siglas
- Guia de *emoticons/smileys*
- Pequeno vocabulário cibernautês/internautês e internetês

CB022408

Série Minidicionários de Gêneros Textuais

Sérgio Roberto Costa

Minidicionário do discurso eletrônico-digital

Volume I

- Gêneros textuais do discurso eletrônico-digital
- Abreviações/abreviaturas, acrônimos e siglas
- Guia de *emoticons/smileys*
- Pequeno vocabulário cibernautês/internautês e internetês

autêntica

Copyright © 2009 Sérgio Roberto Costa

PROJETO GRÁFICO DE CAPA
Diogo Droshi

EDITORAÇÃO ELETRÔNICA
Luiz Flávio Pedrosa

REVISÃO
Dila Bragança
Ana Carolina Lins

EDITORA RESPONSÁVEL
Rejane Dias

Revisado conforme o Novo Acordo Ortográfico.

AUTÊNTICA EDITORA LTDA.

Rua Aimorés, 981, 8° andar. Funcionários
30140-071 . Belo Horizonte . MG
Tel: (55 31) 3222 68 19
TELEVENDAS: 0800 283 13 22
www.autenticaeditora.com.br

Dados Internacionais de Catalogação na Publicação (CIP)
(Câmara Brasileira do Livro, SP, Brasil)

Costa, Sérgio Roberto
    Minidicionário do discurso eletrônico-digital, volume 1 : Sérgio Roberto Costa . – Belo Horizonte : Autêntica Editora , 2009.

    ISBN 978-85-7526-401-0

1. Comunicações digitais 2. Escrita 3. Gêneros literários – Dicionários 4. Internet (rede de computadores) 5. Textos I. Título

09-04508	CDD-418.03

Índices para catálogo sistemático:

1. Discurso eletrônico-digital : Gêneros textuais :
Dicionários : Linguística   418.003

Sumário

Apresentação da série

A partir da experiência da pesquisa para a organização e publicação do *Dicionário de gêneros textuais* (Costa, 2008), propusemos à Editora Autêntica um novo projeto: uma série de minidicionários de gêneros textuais separados por domínio discursivo. Ou seja, cada volume traria um conjunto de gêneros escritos (e orais), com características comuns, conforme a esfera de produção e circulação de um determinado discurso (Quadro 1, na página 16).

Nesse sentido, cada volume da série procurará apresentar um rol dos principais gêneros escritos (e orais, quando for o caso) de cada domínio selecionado (discurso eletrônico-digital, discurso jornalístico, discurso jurídico, discurso religioso, discurso escolar/acadêmico, discurso do cotidiano, discurso midiático/publicitário e discurso literário) com suas definições e características. Ou seja, na medida do possível, procuraremos dar a origem dos gêneros, fazer-lhes a definição ou a descrição temática, composicional e estilística, apresentar-lhes o espaço de circulação, o domínio discursivo, a interlocução. Procuraremos também ilustrar e exemplificar cada verbete ou artigo para maior clareza do tipo genérico e textual selecionado, com seu conteúdo, estrutura composicional e estilo.

Manter, contudo, equilíbrio total entre as informações discutidas em cada verbete (v.) ou artigo (v.) nem sempre será possível, pois há gêneros totalmente consagrados pela tradição, e outros ainda carecem de pesquisas para que se possa detalhá-los com mais precisão. Trata-se de uma limitação que nos cerceou e cerceará, sem dúvida, o aprofundamento das informações sobre alguns verbetes, dependendo do domínio discursivo.

Assim como no *Dicionário de gêneros textuais*, a escolha dos verbetes ou artigos desta série também se pautou no princípio da diversidade ou heterogeneidade dos gêneros, princípio teórico básico bakhtiniano. Por isso, cada volume trará, conforme o domínio discursivo, gêneros textuais clássicos, já consagrados e consolidados no discurso literário, jurídico, religioso e cotidiano e gêneros textuais emergentes do discurso eletrônico-digital (ou de outros discursos), ainda geradores de polêmica classificatório-tipológica.

Mas essa polêmica se estende também, por um princípio metonímico da linguagem, a determinados verbetes (v.) ou artigos (v.) que podem ser lidos ora como gêneros, ora como suportes ou portadores de textos, como o *cartaz*, a *placa*, o *letreiro*, o *bâner,* o *outdoor,* etc. Outros ainda podem ser ambientes (v. NR 10, p. 49, NR 24, p. 76 e o verbete AMBIENTE, p. 129), isto é, domínios de produção e processamento de textos de onde emergem de novos gêneros. Nesse caso, optamos por inseri-los no respectivo volume, sempre discutindo a questão, chamando a atenção para a polêmica, ou no próprio corpo do texto, ou remetendo o leitor para uma nota de rodapé (NR, daqui em diante).

Como se trata de uma série que poderá ser consultada por um público diversificado, toma-se a liberdade de, algumas vezes, oferecer pequenas orientações ou fazer pequenos comentários que talvez possam ajudar os profissionais de cada área a fazer um uso prático dos gêneros selecionados. Os estudantes de Comunicação, por exemplo, poderão se basear neles para fazer exercícios de produção de textos jornalísticos; os de Direito, para exercícios de textos jurídicos; os professores poderão transpô-los para a sala de aula como objetos de ensino de leitura e produção de textos de línguas materna e estrangeira nos vários níveis de ensino.

Esse caráter didático da série nos deu a liberdade de oferecer informações teóricas, referências bibliográficas e outras em forma de NRs, que podem aparecer tanto nos textos introdutórios como no desenvolvimento dos verbetes ou artigos. Essas informações, achamos, poderão ajudar os leitores a aprofundar seus conhecimentos das teorias dos gêneros e de referências sobre o tema.

Em síntese: esta série trará definições, características, informações, correlações dos principais gêneros escritos (e orais) que circulam nas várias esferas sociais e culturais, passadas e presentes. Contudo, por se constituir uma série inédita, está aberta a discussões e sugestões para uma possível reelaboração.

Algumas palavras teóricas

No *Dicionário de gêneros textuais* (COSTA, 2008, p. 15-27), fizemos uma pequena síntese teórica dos conceitos de gêneros discursivos e textuais e vamos aproveitar algumas ideias dessa síntese na apresentação desta série para um melhor entendimento da divisão dos volumes por domínios discursivos que fizemos.

Assim, embora os conceitos de gêneros sejam diversificados, e os gêneros sejam de ampla heterogeneidade, vamos destacar dois enfoques: o discursivo de Bakhtin (1973) e o textual de Bronckart (1999, p. 69-77).

A classificação de gêneros de Bakhtin (1994, p. 327-358) em gêneros primários e secundários do discurso teve o grande mérito de reavaliar o conceito de gêneros, que ele chamou de *gêneros do discurso*, mudando o enfoque de análise do campo da linguística para o da Pragmática e estendendo essa noção para o conjunto das práticas discursivas. O falante disporia, então, além das *formas da língua* (= recursos linguísticos: lexicais, fraseológicos, gramaticais), das *formas dos enunciados* (= construção/estruturação composicional de gênero: *narração, relato, argumentação, explicação*) na comunicação discursiva do *conteúdo* cujos sentidos determinam as escolhas que o sujeito concretiza a partir do conhecimento empírico que tem dos gêneros à sua disposição nas diversas esferas comunicativas (conversa, carta, palestra, entrevista, resumo, notícia).

Em outras palavras, todo gênero, segundo Bakhtin, é definido por três dimensões essenciais:

a) os *conteúdos*, que são e se tornam dizíveis pelo gênero (conversa, carta, palestra, entrevista, resumo, notícia), e não por frases ou orações;

b) a *estrutura/forma* específica dos textos (narrativo, argumentativo, descritivo, explicativo ou conversacional) pertencentes a ele; e

c) as *configurações específicas das unidades de linguagem (estilo)*: os traços da posição enunciativa do locutor e os conjuntos de sequências textuais e de tipos discursivos que constituem a estrutura genérica (por exemplo, construir um texto instrucional – ensinar a jogar xadrez – é diferente de construir um texto argumentativo – defender o jogo de xadrez como atividade importante para o desenvolvimento mental).

Tudo isso, pois, refere-se ao domínio:

(i) da *diversidade discursiva* (narração, explicação, argumentação, descrição, diálogo);

(ii) do *gênero discursivo* (conversa, conto de fadas, relato de experiência, lenda, relato histórico, carta, etc.); e

(iii) das *dimensões textuais* (uso dos tempos verbais; uso dos organizadores textuais; progressão anafórica; esquema dos actantes ou papel dos personagens; interlocução; organização narrativa, argumentativa, expositiva; pontuação, etc.).

Nesse sentido, na produção de um gênero, vai haver sempre uma interação determinada, regulada pela organização enunciativa da situação de produção, que é definida por alguns parâmetros sociais:

(i) *o lugar social da interação* (sociedade, instituição, esfera cultural, tempo histórico);

(ii) *os lugares sociais dos interlocutores ou enunciadores* (relações hierárquicas, relações interpessoais, relações de poder e dominação, etc.); e

(iii) *finalidades da interação* (intenção comunicativa do enunciador). Além disso, a forma composicional e as marcas linguísticas (gramática) dependem do gênero a que pertence o texto, e esse gênero operante dependerá da situação da enunciação em curso na operação.

Nessa mesma linha, segundo Dolz, Pasquier e Bronckart (1993), na produção de um gênero em determinada interação o aprendiz deve adaptar-se às características do contexto e do referente (*capacidades de ação*) e dominar as operações psicolinguísticas e as unidades linguísticas necessárias (*capacidades discursiva e linguística*). Assim, por exemplo, em um gênero como "artigo de opinião", em que vai usar a argumentação (a favor ou contra), tendo como conteúdo a "descriminação das drogas", o aprendiz deve: (i) identificar e levar em conta o destinatário real ou virtual do texto, o veículo em que seria publicado (representação do contexto social: *capacidade de ação*) e (ii) aprender a hierarquizar a sequência de argumentos ou produzir uma conclusão coerente com os argumentos construídos (estruturação discursiva do texto: *capacidade discursiva*). Além disso, (iii) reconhecer e utilizar expressões de construção enunciativa de uma opinião a favor ou contra, ou, ainda, distinguir os organizadores que marcam argumentos dos que marcam conclusão (escolha de unidades linguísticas: *capacidade linguístico-discursiva*).

No primeiro enfoque, os estudos sobre gêneros centram-se no discurso e os consideram tipos mais ou menos estáveis de enunciados, marcados pelas especificidades de cada esfera comunicativa. No segundo enfoque, que vamos expor agora, os estudos sobre gênero centram-se no texto e tentam organizar a variedade textual, propondo diversas tipologias que envolvem tanto o conceito de *gênero textual* (realização empírica de texto – carta, conversa, palestra, relatório, resumo) quanto o de *tipo textual* (determinação de formas básicas e globais para a constituição de texto, que pode ser narrativo, argumentativo, descritivo, explicativo, conversacional).

Neste segundo enfoque, centramo-nos na teoria dos gêneros textuais de Bronckart (1999, p. 69-77). Ele pressupõe que – confirmando a teoria de Bakhtin – a dimensão textual se subordina à dimensão discursiva produzida/construída na *interação verbal*, realidade fundamental da língua (Bakhtin, 1994). Nesse caso, os gêneros textuais – quaisquer que sejam as produções de *linguagem situada*, oral ou escrita – são produtos histórico-sociais, portanto os gêneros textuais diferem de acordo com os interesses e as condições de funcionamento das formações sociais.

Em ambos os enfoques, portanto:

a) os gêneros textuais, orais e escritos, são produtos histórico-sociais de ampla heterogeneidade, em função dos interesses e das condições de funcionamento das formações sociais;

b) a emergência de novos tipos pode estar ligada:

(i) à aparição de novas motivações sociais (a elaboração do romance no fim da Idade Média ou o surgimento dos artigos científicos no século XIX);

(ii) a novas circunstâncias de comunicação (os textos de propaganda) ou

(iii) a novos suportes de comunicação (textos que são veiculados em jornais, TV, rádio, tela de computador);

c) os gêneros textuais estão em movimento perpétuo: alguns desaparecem, outros voltam sob formas parcialmente diferentes ou surgem novos gêneros (v. exemplos acima);

d) não se podem estabelecer claramente as fronteiras entre eles. Entretanto – resultado histórico-social de transformações de tipos precedentes – os gêneros textuais possuem características individuais, constituindo-se um objeto sempre único (o *correio eletrônico* (*e-mail*) é diferente da *carta* (correspondência epistolar), do *telegrama* e do *bilhete*; o bâner (*banner*) não é *anúncio*; *hoax* não é *boato*, embora, respectivamente, possuam semelhanças).

Dessas duas conceituações teóricas básicas (gêneros discursivos e gêneros textuais), podemos inferir uma tipologia discursiva e textual para os gêneros. Não fugindo da perspectiva tipológico-conceitual enunciativo-discursiva[1] que estamos desenvolvendo, podemos dizer com Adam (1992, p. 15) que existem formações discursivas (domínios discursivos) religiosa, jornalística, política, literária ou cotidiana nas quais se produzem, entre outros, os gêneros dos discursos

(i)   **religioso**: a prece, o sermão, a parábola, etc.;

(ii) **jornalístico**: a notícia, a reportagem, o editorial, etc.;

(iii) **literário**: a tragédia, o romance, o conto, etc.;

(iv) **do cotidiano**: a conversação e seus tipos, etc.

---

[1] Bakhtin (1994, p. 280) diz que cada esfera da atividade humana produz textos com algumas características comuns, por isso pertencem a determinado *domínio discursivo*, isto é, o *lugar* onde os textos ocorrem/circulam (são produzidos e consumidos).

Podemos, pois, organizar os tipos de gêneros num quadro (Quadro 1), para dar uma melhor visão de conjunto. Claro que essa tipologia não esgota a diversidade e a heterogeneidade dos gêneros existentes, mas se trata apenas de um quadro exemplificativo, com alguns discursos e alguns de seus gêneros.[2]

QUADRO 1

Discursos (formações discursivas/ domínio discursivo)	Gêneros discursivos/ gêneros textuais
Religioso	Hagiografia
	Homilia
	Ladainha
	Parábola
	Prece/oração
	Reza
	Sermão, etc.
Jornalístico	Artigo jornalístico
	Breves/curtas
	Carta de leitor
	Crônica
	Debate
	Editorial
	Entrevista
	Manchete
	Notícia
	Reportagem
	Tirinha, etc.

---

[2] Maingueneau (2002, p. 85) diz que "um texto não é um conjunto de signos inertes, mas o rastro deixado por um discurso em que a fala é *encenada*". E propõe (1999, p. 82-83), como elementos que compõem a cena da enunciação, a *englobante,* a *genérica* e a *cenografia*. A cena englobante corresponderia a essa divisão proposta por Adam, já que corresponde ao tipo de discurso, ou seja, o estatuto pragmático do discurso: discurso literário, religioso, filosófico, jornalístico.

Acadêmico	Abstrato Artigo científico Conferência Dissertação Ensaio Palestra *Paper* Resenha Resumo Sumário Tese, etc.
Literário	Autobiografia Biografia Comédia Conto Crônica Dedicatória Diário Epopeia Fábula Folhetim Lenda Novela Poema Romance Tragédia, etc.
Eletrônico/digital	Aula *chat* Bâner/*banner* Barra *Blog* *Chat*/bate-papo virtual *E-mail*/endereço eletrônico *Fotoblog*, etc.
Publicitário	Anúncio Cartaz Filmete *Jingle* Letreiro *Bikedoor*/*busdoor*/*outdoor*/*taxidoor* Panfleto *Spot*, etc.
Cotidiano	Anedota Anotação Bilhete Conversação e seus tipos Convite Diário Piada Recado, etc.

Escolar[3]	Aula
	Ditado
	Protocolo
	Prova (escrita/oral)
	Resumo, etc.
Jurídico	Aditamento
	Aforamento
	Atestado
	Certidão
	Certificado
	Contrato
	Testamento, etc.

Em síntese, podemos entender o domínio discursivo tanto em Bakhtin, Adam e Maingueneau como a esfera ou instância de atividade humana que produz gêneros discursivos/textuais com algumas características comuns, isto é, o *lugar* onde os textos ocorrem/circulam (lugar de produção e recepção), como os domínios citados no Quadro 1. Haveria, então, comunidades discursivas que compartilham os gêneros em comum e se relacionam e interagem, mediadas por eles em suas práticas discursivas, por exemplo, a comunidade internética, a jurídica, a estudantil, a religiosa, etc.

---

[3] Estamos separando, apenas no quadro, Discurso Acadêmico (de centros de ensino e pesquisa acadêmicos) de Discurso Escolar (ensino básico e médio), embora haja gêneros textuais comuns a ambos (prova, aula, resumo, etc.), aliás como é muito comum em outras esferas (*crônica*, por exemplo, existe nos Discursos Literário, Jonalístico, Policial, etc.). Mas os colocamos no mesmo volume da série, já que há gêneros comuns a ambas as esferas, e não faria muito sentido separá-los como fonte de consulta teórica ou prática.

Apresentação deste volume

Este é o primeiro volume da série de minidicionários que colocamos nas mãos dos leitores e leitoras: o *Minidicionário do discurso eletrônico-digital, v. 1*. Seguindo a linha teórica desenvolvida na seção anterior e a estrutura proposta, selecionamos os principais verbetes (e-gêneros) do discurso eletrônico-digital que circulam principalmente na internet. Contudo, não é nosso objetivo somente elaborar uma lista desses verbetes. Fazemos também algumas reflexões introdutórias sobre as relações discursivas, enunciativas, estilísticas e pragmáticas existentes entre as novas tecnologias, suas ferramentas e suportes, modos de comunicação, espaços/ambientes enunciativos, gêneros textuais emergentes da/na *realidade "virtual"* e os termos já existentes na *realidade "real"* (COSTA, 2000/2005).

Uma breve retomada histórica da (r)evolução e transformação da produção e veiculação dos conhecimentos produzidos pela humanidade pode nos ajudar a compreender essas relações de que falamos. A primeira das grandes mutações ou revoluções se deu com o advento da escrita. Depois veio a invenção da imprensa, do cinema, da mídia televisiva e, agora, contemporaneamente, da internet.

O advento da escrita, com suportes/portadores novos de textos (argilas, pergaminhos, principalmente os livros, quando da invenção da imprensa), mudou as condições e as situações de produção e de veiculação do conhecimento. A escrita abre, tanto espacial quanto temporalmente, possibilidades de comunicação que as sociedades orais desconheciam. A palavra escrita há centenas, milhares de quilômetros ou há séculos, podia/ pode ser lida, abrindo-se um livro.

Depois, na ecologia das comunicações, vieram os meios de comunicação de massa (a imprensa falada e escrita e a televisiva, mesmo o cinema), cujas características interativas, interlocutivas de recepção/produção textual não são tão diferentes das características próprias da relação leitor-autor diante de um texto escrito. Mas o telefone já começa a alterar a relação espaço-tempo na comunicação *on-line*, em que espaço não é condição obrigatória na conversação. Porém o advento da internet parece provocar uma mudança maior, ou talvez uma "volta" às sociedades orais: virtualmente, mensagens são construídas/escritas/transmitidas/ veiculadas/lidas *on-line* por pessoas reais em espaços diferentes, cujo ambiente virtual é o ciberespaço.

O advento da internet seria, na história da humanidade, um retorno dialético, em espiral, às origens da oralidade, isto é, haveria um (re)encontro entre as sociedades orais e a sociedade eletrônico-digital ciberespacial: o reencontro da comunicação viva, interativa, direta, contextualizada, em que o contexto de produção seria mais complexo hoje pelo seu caráter coletivo, como o reencontro entre entre a conversação face a face cotidiana e a conversação virtual na internet.

E-mails, blogs, e-zines, e-fóruns de discussão, *chats,* jornalismo *on-line* e outros constituem práticas de relacionamento/ interação social eletrônico(a) e de produção da cibercultura ou cultura virtual, a qual tem como instrumento básico o computador. Nele circulam e por ele se produzem os gêneros digitais que se caracterizam por uma acentuada interatividade, justamente porque a tecnologia computacional permite a combinação multissemiótica da escrita com outras linguagens, como a imagética e a sonora.

Essas práticas discursivas modelariam a face da sociedade (pós-)moderna e são por ela modeladas. Assim, por exemplo, o *e-mail* revolucionou a correspondência pessoal e mesmo a comercial; o *chat* transformou a conversação face a face presencial, síncrona espacial e temporalmente, ao realizar-se "sem oralidade" (teclando-se) e sem a presença física dos interlocutores, como aconteceu com a conversação telefônica, neste último caso; o *blog* torna públicos depoimentos pessoais que eram restritos a espaços reservados, como no diário íntimo, etc.

Quanto à classificação ou conceituação, muitas vezes, fica difícil definir teoricamente se há um gênero, um meio/ambiente ou um suporte,[1] em função da própria fluidez e complexidade da conceituação do que é gênero e de sua tipologização (limites de constituição). Entretanto, deve-se destacar que o meio ou o ambiente confere propriedades importantes, específicas e singulares a um determinado gênero, aspecto que parece ter sido ignorado pela classificação tradicional de gêneros, como dizem Askehave e Nielsen (2004, p. 11).

A internet ofereceria, pois, uma variedade imensa de novos tipos de textos (gêneros [hiper]textuais) que podem ser lidos/recebidos ou escritos/produzidos com os vários recursos técnicos que o computador coloca à disposição. Páginas pessoais, sítios, portais (*homepages*), entendidos por uns como gêneros, por outros como ambientes de localização de informações, conversas em salas de

---

[1] V. discussão mais detalhada no verbete *Home page*.

bate-papo (*chats*), salas de discussão (*foruns*), correios eletrônicos (*e-mails*) e outros são novos ambientes e/ou gêneros (hiper)textuais à disposição dos usuários. Na produção dessa diversidade e heterogeneidade (hiper)textual, está-se criando uma nova linguagem ou o chamado "estilo *on-line*", com modificações no código alfabético e na escrita oficial (do português ou de outras línguas), com invenção ou criação de códigos, vocabulário e sintaxe próprios.

Haveria, então, nesse cenário várias semelhanças e diferenças entre os gêneros textuais existentes e os emergentes. Muitos pesquisadores de textos produzidos na internet apontam, por exemplo, o nascimento de alguns gêneros que, embora tenham semelhança com gêneros já existentes, não são os mesmos. Assim, embora usados na comunicação interindividual, o **correio eletrônico** (*e-mail*) é diferente da **carta** (correspondência epistolar); o **bate-papo virtual** (*chat)* é diferente de uma **conversa face a face** ou **telefônica**. Ou seja, as **conversas diretas**, em grupos ou privadas, na internet, são diferentes dos seus gêneros correspondentes já consagrados no cotidiano. Ou ainda: *blog* não é **diário pessoal** ou **agenda**; **bâner/*banner*** não é **anúncio**; *hoax* não é **boato**. **Endereço eletrônico** possui características/categorias diferentes das de **endereço postal**, etc., já que se trata da *e-comunicação* que acontece num ambiente enunciativo diferente.

Nesse novo ambiente enunciativo de comunicação eletrônica (*e-comunicação*), constrói-se uma escrita, uma leitura e uma difusão que não são limitadas geograficamente, e seus usuários, ao utilizar certos dispositivos, como os *chats, icq, irc,* MSN, Skype e mesmo o correio eletrônico (*e-mail*), materializam um "novo" código discursivo a partir de recursos semióticos ou de artefatos eletrônicos que aí existem. Eles alargam e enriquecem sistemas linguísticos e discursivos já existentes, movidos por novas motivações enunciativas dessa nova esfera social cuja interação é virtual. Para tal, os internautas usam um código discursivo e cultural específico, espontaneamente construído, que se caracteriza como um conjunto de recursos icônicos, semióticos, logográficos, tipográficos e telemáticos. Segundo Anis (2000), esse novo modo de comunicação trata-se de uma norma scriptoconversacional (nova grafia) do espaço eletrônico.[2]

Os usuários da internet estariam, então, mesclando os três sistemas básicos de escritura, histórica e culturalmente construídos pela humanidade (o sistema ideográfico – pictogramas e ideogramas; o sistema silábico e o sistema alfabético), além de recursos eletrônicos e midiáticos mais recentes. Em outras palavras, ontogeneticamente, frequentadores de salas de bate-papo, por exemplo, estariam mesclando, não necessariamente nesta ordem, a escrita de desenhos que representaria as ideias diretamente; os sistemas escritos baseados em palavras; os sistemas silábicos não vocalizados ou sistemas consonantais[3] e o sistema alfabético, em que as diferenças de vogais fazem os controles lexicais[4] (em português, "tudo" é diferente de "todo"; em inglês, "*bad*" é diferente de "*bed*"), inventando

---

[2] Isso já aconteceu na história da escrita em que, por exemplo, os primeiros textos alfabéticos não separavam as palavras. E mais: os espaços em branco entre as palavras, a pontuação, os parágrafos, a divisão em partes ou capítulos, índices, sumários, notas de rodapé, rede de remissões em dicionários ou enciclopédias, etc., constituem um processo lento de construção de recursos editoriais para leitura e escritura de textos.

[3] "Porém, as línguas semíticas têm a propriedade curiosa de carregar identidades lexicais da língua no que consideramos consoantes; o que consideramos vogais era usado somente para flexões. Para ilustrar, o grupo /k/, /t/ e /b/, vocalizado de alguma maneira de modos diferentes, exprime o lexema básico "escrita" com diferenças vocálicas marcando o sujeito, o tempo e o aspecto: *katab* 'ele escreveu', *katabi* 'eu escrevi', *katebu* 'eles escreveram' [...]. Tudo pode ser escrito simplesmente *ktb*" (OLSON, 1988, p. 101). Ver fenômeno semelhante no verbete *Chat*, item (ii), p. 39, neste volume, em que tudo pode ser escrito *tc*.

[4] A transição "final" da escrita consonantal para a *alfabética* ocorreu, unicamente, na história, quando a escrita foi adaptada por uma língua não semítica, o grego" (OLSON, 1988, p. 102).

um novo "sistema escrito" ou um novo "código discursivo" de um novo espaço/ambiente enunciativo – o ciberespacial.

Mas isso não é nenhuma novidade tanto na escrita quanto no surgimento de novos gêneros. Assim como o homem, para escrever e ler textos, inventou/criou discursivamente os sistemas de escrita (pictóricos, ideográficos e alfabéticos) e diversos recursos editoriais; assim como os escritores de romances, contos, novelas, poemas inventaram recursos de escritura para criar seu discurso estético; assim como os produtores de histórias em quadrinhos e de tirinhas buscaram outros recursos gráficos, além do sistema de escritura, assim também os internautas estão revolucionando a escrita no ciberespaço, seja como sistema seja como processo discursivo presentes em gêneros textuais emergentes.[5]

Sintetizando essas ideias, pode-se dizer que essas e outras práticas discursivas, instituídas recentemente e produzidas em um novo espaço (o internético) de interação humana virtual, provocam a emergência dos chamados gêneros eletrônicos ou digitais. Esses *e.gêneros* ora são gêneros antigos adaptados, transmutados, recriados, configurados sob nova ordem, que recebem novas roupagens, ora são novos gêneros ou novas formas de discurso escrito, ou seja, novas formas de dizer que surgem em função das necessidades comunicativas contemporâneas.

São justamente os e-gêneros que apresentamos neste *Minidicionário*, conceituando-os, descrevendo-os, caracterizando-os e exemplificando-os, para que nosso leitor e nossa leitora possam fazer uso deles em sua práxis cotidiana ou profissional.

---

[5] Isso se reflete nos suportes/portadores de textos tradicionais. Se hoje observarmos hoje jornais, revistas, cartazes e publicações diversas, certamente encontraremos nos textos o estilo *on-line* influenciando a escrita/escritura *off-line*.

Adendo

Estamos acrescentando um **GLOSSÁRIO - CIBERNAUTÊS/ INTERNAUTÊS e INTERNETÊS** a este *Minidicionário do discurso eletrônico-digital, v. 1*. Esse Glossário se divide em três partes. A primeira constitui um conjunto de **Abreviações/abreviaturas, acrônimos e siglas** (dizer um máximo de coisas em um mínimo de espaço/tempo) em quatro línguas: português, inglês, francês e espanhol, com tradução para o português. A segunda (**Guia de *emoticons/smileys***) traz um quadro dos principais *smileys/ emoticons* e a terceira, uma lista básica de verbetes (palavras, expressões, acrônimos e siglas) do discurso eletrônico-digital, a que atribuímos o título de **Pequeno vocabulário cibernautês/internautês e internetês**. Tal lista, ampliada, se baseia no "Pequeno vocabulário de discurso eletrônico-digital" (COSTA, 2006c, p. 83-94).

Esse "Pequeno Vocabulário de discurso eletrônico-digital"– agora renomeado **Pequeno vocabulário cibernautês/internautês e internetês** – merece uma explicação maior. Estamos anexando-o ao *Minidicionário do discurso eletrônico-digital* com várias modificações e acréscimos, uma vez que os verbetes considerados gêneros textuais eletrônico-digitais (e-gêneros) já estão na primeira seção deste, intitulada "Gêneros textuais do discurso eletrônico-digital". Contudo, não os retiramos da lista. Apenas não os definimos ou exemplificamos de novo para não ficar repetitivo e sugerimos consulta a essa primeira parte. Mas todos esses verbetes (e-gêneros ou as abreviações/abreviaturas, siglas e acrônimos) circulam em várias publicações que se referem ao discurso eletrônico-digital.

Achamos que a anexação do **Pequeno vocabulário cibernautês/internautês** (glossário de vocábulos ou expressões que resultam das novas tecnologias) **e internetês** (glossário de vocábulos, expressões, siglas e acrônimos técnicos) pode complementar este *Minidicionário* de e-gêneros. Além disso, pode contribuir com a ampliação da compreensão, pelos leitores, da linguagem internáutica e internética que circula na esfera comunicativa ciberespacial, mediada pelo computador, pelos celulares e outras ferramentas tecnológicas contemporâneas e seus dispositivos eletrônicos.

Finalmente, algumas observações merecem ser destacadas neste adendo:

1. Este trabalho trata-se de uma obra experimental e não possui o rigor técnico dos dicionários tradicionais. Para os iniciantes (*newbies*), uma fonte de consulta. Para os mais avançados, um bom ponto de partida para navegações em águas cibernéticas mais especializadas. Mas sempre uma fonte à mão.

2. As fontes consultadas são sempre indicadas/citadas no corpo do texto, em NRs ou nas referências bibliográficas. Aquilo que não é citado é de domínio público de fácil *searching* e *downloading* na internet.

3. "V." ou "v" significam *vide*/ver.

4. Net, internet, rede e ciberespaço são usadas como sinônimos aproximados.

5. *E-mail*, *email* e *mail* são usados como sinônimos, variando apenas a ortografia que é encontrada ora de uma forma ora de outra nos textos e/ou *sites* consultados.

6. Vários termos de origem estrangeira foram mantidos na língua-mãe (principalmente o inglês), por não terem ainda seu correspondente oficial em português.

Gêneros textuais do discurso eletrônico-digital

AGENDA (v. *BROCHUREWARE*, CATÁLOGO VIRTUAL): livro ou lista de endereços ou pessoas na net, permitido pelo correio eletrônico (v.), obedecendo-se a uma sequência alfabética, numérica, temporal, cronológica, etc.

ANÚNCIO (v. BÂNER, *BANNER, CIBERSPOT(E)*, E-ANÚNCIO): notícia ou aviso por meio do qual se divulga algo ao público, ou seja, a criação de alguma mensagem de propaganda com objetivos comerciais, institucionais, políticos, culturais, religiosos, etc. Como publicidade, trata-se de uma mensagem que procura transmitir ao público, por meio de recursos técnicos, multissemióticos e através dos veículos de comunicação, as qualidades e os eventuais benefícios de determinada marca, produto, serviço ou instituição.

Os anúncios podem circular em vários meios de comunicação e suportes: imprensa escrita, falada, televisiva e internética, faixas, *outdoors*, autos (carros, ônibus, trens), listas telefônicas, bâners, luminosos, letreiros, painéis, etc. Na internet, recebe o nome de e-anúncio (v.), *ciberspot*(e) (v.), usando-se muito os bâners (v. BÂNER).

APELIDO (v. MÁSCARA, MÁSCARA DIGITAL, *NICK* ou *NICKNAME*): nomes-fantasia, ligados a um amplo leque de temas ou coisas/ objetos (estado emocional, estado civil, personagem de filme ou desenho, sexo, mitologia, flora, fauna). Por meio deles, o usuário pode ocultar-se, esconder seu nome verdadeiro, mantendo-se anônimo, principalmente quando tecla em *chats* ou salas de bate-papo abertas. Segundo Crystal (2002, p. 60), o *nick* seria também uma identidade eletrônica que diz algo sobre quem é e como age um usuário nos *chats*. É por meio do apelido ou *nick(name)* que o usuário passa a pertencer a uma comunidade, um grupo ou uma tribo e assegura sua identidade a cada vez que acessar a internet. A escrita dos apelidos no suporte digital se materializa e se orga-niza como prática discursiva diferente da dos suportes mineral ou vegetal, por exemplo. Isso a torna, então, muito variada e criativa (um símbolo pode assumir funções de letras ou sinais distintos [Araújo, 2007, p. 48-54]) de caracteres alfanuméricos, de sinais diacríticos, de desenhos diversos, *scripts,* etc., que formam enun-ciados de significados variados, o que garantiria o sucesso das interlocuções virtuais, como se pode ver nos exemplos abaixo:

<°))))><.·´¯`·.	)$$(DrumnBoy	#Prodígio#
BADNICK	20pk	-={ ganso }=-
bbb	ASCII4r11yLORD	BEBE.CHORÃO
baixistaMaluko	davinci	ð-;#8364;£øï*-ð
X-Man	Trinity	@frodite
SEXSABE	RET(SK8(	100cueca

(V. mais exemplos na internet, em lista de usuários da http://www.istf.com.br/vb/showthread.php?t=401).

ARTIGO (v. *CIBERPAPER*): no discurso eletrônico-digital, mesmo que post (v.).

ASSINATURA: na internet, um arquivo (tipicamente de três ou quatro linhas) inserido no fim das mensagens de correio eletrônico (v.), de *blog* (v.) para informar nome, endereço, telefone; em alguns casos, o remetente acrescenta citações e desenhos com caracteres conhecidos como arte ASCII.[1]

AUDIOCONFERÊNCIA: (v. CIBERCONFERÊNCIA, E-FÓRUM, FÓRUM, FÓRUM DE DISCUSSÃO, FÓRUM ELETRÔNICO OU VIRTUAL, GRU-PO DE DISCUSSÃO, LISTA DE DISCUSSÃO, LISTA DE DISTRIBUIÇÃO, *NEWSGROUP*, TELECONFERÊNCIA, VÍDEOCONFERÊNCIA): confe-rência telefônica, ou seja, debate, discussão, fórum de discussão (v.) realizada(o) via telefone fixo ou móvel computador.

AULA *CHAT* (v. *CHAT*): aula que ocorre em *sala-chat* (*sala de aula virtual*) dos chamados *chats educacionais* (v. *Chat* e seus tipos), que diferem das *salas abertas* dos *chats virtuais* (*bate-papos* – v. – na internet). Na aula *chat* os interactantes se conhecem, fazem parte de um mesmo grupo de alunos, geralmente em número reduzido, que são identificados por seus nomes reais (não usam apelido (v.) ou *nickname* (v.). Contudo, pelo caráter virtual, na prática, mantém as características das salas de bate-papo convencionais, já que o professor não tem o controle presencial como o que existe numa sala de aula comum. Predomina nesse tipo de aula, que dura

---

[1] *American Standard Code for Information Interchange*. Código utilizado para repre-sentar arquivos somente-texto. Pronuncia-se "ás-qui". É um esquema de codificação que atribui valores numéricos a letras, números, sinais de pontuação e alguns sím-bolos especiais. Através da padronização dos valores usados para representar esses caracteres, o ASCII permite que os computadores e programas de computadores troquem informações.

em torno de uma hora a uma e meia, a função instrucional que faz do professor alguém na interação que orienta, aconselha ou tira dúvidas. Ao mesmo tempo, os alunos participantes exercem uma função essencialmente colaborativa: desaparece a figura do professor centralizador do processo interativo de aprendizagem, embora ele tenha o maior número de turnos e mais tempo para as respostas, como monitor que é, podendo responder em blocos às questões do assunto/tema estudado.

AUTORRETRATO (VIRTUAL) (v. PERFIL VIRTUAL): na rede, a produção de um autorretrato, em que o usuário traça seu próprio perfil físico e/ou psicológico e passa seus dados pessoais, será mais/menos detalhada, dependendo do objetivo. Se for apenas para se identificar, são poucos os detalhes físicos e/ou psicológicos e as informações ou os dados pessoais. Mas se for para interagir e se relacionar com alguém, a construção do autorretrato se fará de acordo com o objetivo e a sinceridade do relacionamento. É o *modus vivendi* da internet. Nesse sentido, pode o internauta traçar seu perfil segundo sua personalidade, construindo um retrato de si que pode ser mais ou menos fiel, ou inventar um "personagem" de acordo com o possível gosto do interlocutor e o tipo de relacionamento que pretende ter com ele. Pode querer apenas um "caso virtual" ou realmente querer um encontro face a face para algum relacionamento de amizade ou namoro. O anonimato ou a anonimidade (v. no Adendo) do ciberespaço permitem que o usuário seja anônimo (v. no Adendo) e a identidade seja inverificável. Idade, sexo, profissão, tipo físico, gostos, localidade... podem não passar de simples "mentiras" ou "verdades virtuais" ou "estratégias" para sustentar o relacionamento em que o "outro" pode ser excluído, "morto" ou "kikado" a qualquer momento. Mata-se uma personagem e cria-se outra, sem nenhum constrangimento. Portanto, todos esses elementos transformam a construção linguístico-discursiva (as propriedades discursivas) desse gênero num estilo ficcional *sui generis*: um misto de real e ficcional, de referencial e verossímil, ou seja, uma espécie de autobiografia "instável" em que há uma identidade entre autor, narrador e personagem, construída numa linguagem plena de subterfúgios e modalizações.

AVISO (v. BILHETE, RECADO, *SCRAP*, TORPEDO): toda e qualquer espécie de comunicação, informação ou declaração, oral ou escrita, curta e objetiva, prestada ou postada a outrem. Entre outros, podem-se citar avisos bancários, como de lançamento (informação que se presta ao correntista sobre o movimento de sua conta-corrente); da Receita Federal (informação sobre pagamento ou devolução de impostos); avisos de diretoria de firma, de clube, de escola e outras instituições; aviso prévio (comunicação pela qual o empregador ou o empregado faz saber um ao outro, em certo prazo, a rescisão do contrato de trabalho), etc.

BÂNER (v. ANÚNCIO, *BANNER*, *CIBERSPOT(E)*, E-ANÚNCIO): anúncio (v.) que circula em páginas da *web*,[2] por isso construído hipertextualmente, pois a rede oferece uma coleção de *sites*/sítios (v.) com textos, gráficos e recursos de som e animação que facilitam a construção multissemiótica dos bâners (v. INFOGRAFIA na última parte deste *Minidicionário*). Geralmente têm a forma de pequenas faixas, normalmente retangulares, que aparecem no topo das páginas.

---

[2] Um *website* é um servidor de WWW. Contém páginas interligadas conhecidas como documentos de hipertexto (páginas de *web*). Os *websites* são usados para oferecer aos usuários informações institucionais sobre uma empresa, notícias, lojas virtuais, jogos e muitas outras opções.

BANNER (grafia em língua inglesa): v. ANÚNCIO, BÂNER, CIBERSPOT(E), E-ANÚNCIO.

BARRA (v. *MENU*): quando se abre o computador, a tela (suporte) exibe várias "barras" retangulares, dispostas em sequência horizontal, que contêm ícones ou textos, geralmente enunciados-chave (*links*), construídos de palavras simples (nomes e verbos), que informam as ações a ser executadas pelo usuário. Ao se clicar nelas, abrem-se *menus* (v.) suspensos onde se encontram as instruções que o programa oferece. Há vários tipos de barras que podem ser interpretadas como gêneros; outras não, já que são dispositivos de auxílio técnico para o usuário "caminhar" pela tela do computador, como a "barra de rolagem", que serve para se percorrer todo o conteúdo de uma janela, no sentido horizontal ou vertical da tela ou "barra de destaque", que um usuário pode mover para cima e para baixo de uma lista de opções, para selecionar uma delas.

Mas há outras que são gêneros textuais, como os vários tipos abaixo. Barra de:

a) ferramentas ou tarefas: numa *interface gráfica do usuário*, painel horizontal estreito em que ficam encadeados os botões, identificados por um ícone, que provocam as ações oferecidas ao usuário pelo programa;

b) *menu*: série de opções à escolha do usuário, dispostas em sequência, horizontalmente, na parte superior da tela e indicadas por palavras. Cada opção do *menu* ativa um *menu* suspenso. O *menu* pode vir também em posição horizontal nos *sites* (v.);

c) *status*: barra localizada na parte inferior, que exibe na tela do monitor informações sobre o computador, os programas em uso e o documento que está sendo editado;

d) título (v.): barra localizada na borda superior da janela, em determinados programas, para indicar o nome do documento em uso;

e) ação: primeira linha da janela que exibe as opções do *menu*.

BATE-PAPO (v. BATE-PAPO VIRTUAL, CIBERCONVERSA, *CHAT*, CONVERSA/CONVERSAÇÃO - NR 7, CONVERSAÇÃO ORAL VIRTUAL): conversa/conversação (v. NR 7) oral, presencial, bastante informal entre duas ou mais pessoas sobre assunto vago ou específico. Os interlocutores trocam turnos livre e simetricamente, já que todos têm o mesmo direito à palavra.

BATE-PAPO VIRTUAL[3]: v. BATE-PAPO, CIBERCONVERSA, CHAT e seus tipos. (v. também CONVERSA/CONVERSAÇÃO - NR 7, CONVERSAÇÃO ORAL DIGITAL).

BILHETE (v. AVISO, RECADO, *SCRAP*, PITACO, TORPEDO): escrito simples e breve, ou seja, mensagem breve, reduzida ao essencial, tanto na forma como no conteúdo. Como é um tipo de gênero usado na comunicação rápida, entre interlocutores que mantêm uma relação imediata, geralmente é também escrito em linguagem coloquial.

BLOG[4] (v. BLOGUE, CIBERDIÁRIO, DIARIOSFERA, DIÁRIO DIGITAL, DIÁRIO ELETRÔNICO, DIÁRIO ÍNTIMO, DIÁRIO PESSOAL, *FOTOBLOG*,

---

[3] Como o termo *chat* já está consagrado pelo uso, optamos por colocar a definição, características e tipos no verbete *CHAT* em vez de no BATE-PAPO VIRTUAL e aqui apenas indicamos a consulta a esse verbete.

[4] O mesmo problema de ortografia de "*site*", comentado na NR 23, p. 76, tem-se aqui com relação a "blogue". Mantém-se a grafia original (*blog*) da língua-mãe ou adapta-se à prosódia portuguesa? Deixamos livre, até que se firme uma única forma gráfica (o dicionário http://houaiss.uol.com.br , por exemplo, não registra nehuma das formas até agora – 05/02/09), embora em Portugal a forma "blogue" já se firmou, como também "sítio" em vez de "*site*". A partir do radical *blog*, muitos neologismos surgiram em português: blogar, blogador, bloguista, blogariano, blogário, blogocracia, blogomania, blogonovela, etc.

MINIBLOG, WEBLOG, WEBLOGUE): segundo Oliveira (2002), o desafio de publicar diários pessoais na internet fez parte do que a norte-americana Chris Sherman, editora assistente do *Search Engine Watch* (http://searchenginewatch.com), chamou de "primeira onda da *web* escriturável", que teve início em 1994, quando pessoas comuns começaram a construir um *site* pessoal e nele, diariamente, escrever o diário (v.) ou jornal (v.) íntimo. Na opinião da editora, esse período esteve limitado pela oferta de ferramentas que facilitassem a postagem de diários *on-line* na rede. A "segunda onda da *web* escriturável" surgiu mais recentemente com o fenômeno dos *weblogs* (*web* – rede de computadores, mais *log* – tipo de diário (v.) de bordo de navegadores), que são páginas de comentários atualizados frequentemente. Essa nova onda faz a internet retornar à proposta inicial de Tim Berners-Lee (http://info.cern.ch/), seu criador, de torná-la uma mídia interativa, onde usuários seriam capazes de ler e publicar documentos.

Há controvérsias quanto ao início do fenômeno. Uns dizem que a americana Carolyn Burke foi a primeira pessoa a manter um diário *on-line*. Em janeiro de 1995, ela pôs na rede o *Carolyn Diary* (http://www.carolyn.org/) e ficou bastante conhecida quando, no outono americano de 1996, foi capa das revistas *U.S. News* e *Report World*. Ficou, então, famosa ao ser citada por fazer parte do projeto "*Textit24 Hours in Cyberspace*", listou pessoas e instituições que faziam a rede mundial de computadores mais humana.

Mas o pioneirismo de Carolyn desmorona se confrontado com a ousadia e a *performance* de outro americano, Justin Allyn Hall. Em janeiro de 1994, com apenas 19 anos de idade, Hall criou na rede o diário *Justin's Links from the Underground*. Publica nele tudo em detalhes: divagações, bebedeiras, as doenças sexualmente transmissíveis que contraíra, viagens, amizades, as aulas na faculdade, namoros, o suicídio do pai e até as próprias fotos, algumas delas tiradas nu ou urinando, relata Oliveira (2002).

Outras fontes dizem que o *blog* surgiu no final de 1997, usado por Jorn Barger, ou em agosto de 1999, quando começou a utilizar o *software Blogger*, denominado ferramenta de autoexpressão, criado pela empresa de um norte-americano chamado Evan Williams. Em todas as opiniões, está implícita a ideia da alternativa popular da publicação de textos de conteúdo pessoal interativo e participativo na internet por leigos em computação.

O *blog* pode ser definido, então, como jornal/diário digital/eletrônico (v.) pessoal publicado na *web*, normalmente com toque informal, atualizado com frequência e direcionado ao público em geral. *Blogs* geralmente trazem a personalidade do autor, seus interesses, gostos, opiniões e um relato de suas atividades. Portanto, geralmente são simples, com textos curtos, predominando os narrativos (relatos), descritivos e opinativos. Esses textos são conhecidos também como "artigos" (v.) ou *"posts"* (v.) (forma substantiva do verbo *"to post"*, em inglês), que podem receber comentários (v.) dos leitores de *blogs* (v. Interatividade com leitor, abaixo). As postagens são Organizadas tradicionalmente de forma cronologicamente inversa na página, de modo que as informações mais atualizadas aparecem primeiro. Um artigo deve seguir a temática proposta pelo *blog,* embora permita uma ampla liberdade opinativa. Em resumo, o *blog* é o gênero discursivo da autoexpressão, isto é, da expressão escrita do cotidiano e das histórias de pessoas comuns.

Muitas vezes, trata-se de um texto de natureza semiótica, já que o "bloguista/blogueiro" pode inserir imagens, fotos (*fotoblog*), sons, além de poder fazer uma atualização constante. A interatividade com o leitor é uma característica básica. Por meio de *links*, o leitor pode navegar por páginas múltiplas (hipertextualidade) ou entrar em contato com o criador do *blog*. O *e-mail* (v.) do/a "bloguista" é um *link* aberto ao leitor, que pode fazer comentários (v.), críticas, trocar experiências e compartilhar com as histórias pessoais do escrevente de *blog* ou (*fotoblog*). Quanto ao tempo, geralmente os blogueiros/bloguistas o registram no cabeçalho, marcando a data da produção do texto. Já quanto ao espaço, raramente aparece no cabeçalho. Ao ler o texto escrito pelo "bloguista/ blogueiro", pode-se, às vezes, ter uma ideia de onde ele é.

Como contrapartida a essa "prática diarista" (escritos pessoais/ autoexpressão) presente em gêneros já consagrados, como o diário (v), há também os *blogs* informativos. Ou seja, pode-se dizer que *weblogs* (*blogs*) se dividem em duas categorias: os *weblogs* pessoais, que são uma espécie de diários, como se viu acima, e os *blogs* informativos, cujos alvos são grupos de leitores com interesses comuns.

Mas há também os chamados *knowledge management logging* (*k-logging* ou *k-logs* ou *k-blogs*), desdobramento do gênero *blog* (v. http://www.libraryjournal.com), usados por pessoas especializadas (pesquisadores, estudantes, gerentes, administradores) para colocar seu conhecimento/experiência *on-line* e o/a transmitir inclusive *intranet* com o objetivo de partilhar conhecimento e ajudar a organização a que pertecem a cumprir sua missão. Essa forma de *web logging* surge como uma alternativa mais barata em larga escala para as soluções KM (*Knowledge Management*).[5]

---

[5] No artigo "Os *blogs* vão mudar seus negócios", de Camila Guimarães, publicado na *EXAME on-line* (http://exame.abril.uol.com.br/edicoes/860/tecnc), em 26/01/06, pode-se ter noção da importância dos *blogs* e sua expansão: "Há inúmeras maneiras de falar na internet, mas nenhuma é tão poderosa e tão revolucionária como o blog. Em pouco mais de três anos, a tecnologia passou de um hábito adolescente para um fenômeno mundial. Em menos de 10 minutos e sem gastar nada, qualquer pessoa pode criar um blog e começar a falar para todo o planeta. É por isso que os números não param de crescer. Existem 34 milhões de blogs no mundo. Todos os dias, 70 000 novos diários *on-line* são criados, e a cada minuto 500 deles são atualizados. Mães falam do bebê recém-nascido, estudantes reclamam dos professores, aspirantes a escritor publicam poesias, prostitutas relatam sua rotina e, por que não?, presidentes de empresas falam de negócios. Jonathan Schwartz, presidente da fabricante de

BLOGÁRIO (v. CIBERBLOGÁRIO, CIBERGLOSSÁRIO): a expansão do bloguismo, pessoal ou profissional (autoria e edição dos próprios textos ou de qualquer outro material, como desenhos, fotos – *fotoblogs* –, etc. num *blog*) e a criação de novos termos referentes ao gênero têm sido tamanha nos últimos anos que se criou o verbete "blogário" (*blog* + o sufixo –ario), que seria uma espécie de glossário/dicionário desses novos termos. O blogário possuiria, portanto, a estrutura composicional (ordem alfabética ou temática) e o estilo de um glossário ou de um dicionário, com compilações várias, de vocábulos ou de informações sobre uma área do saber. No caso, de termos referentes a *blogs*.

BLOGDEX (v. *BLOGROLL*): palavra formada de *blog* + índex, lite-ralmente seria um índice de *blogs*. Mas se trata de uma espécie de índice/lista-síntese das ideias mais difundidas num determinado tempo nos *(we)blogs*. O *blogdex* percorre todos os *(we)blogs* que fazem parte de sua base de dados, recolhe as ligações (*links*) e gera essa lista-síntese, produzindo numa linguagem objetiva e clara um texto sintético com o conteúdo básico recolhido.

BLOGPOEMA: como ambiente, trata-se de um suporte de poemas. Mas pode ser um *blog* de textos em forma de poema ou em prosa poética. Os recursos multissemióticos que a internet oferece po-dem interferir na construção dos poemas que poderiam ter forma e estilo diferentes dos poemas-papel.

---

computadores Sun, mantém um blog há um ano e meio. "Como o e-mail, o blog não vai ser uma questão de escolha. Todos os líderes serão obrigados a ter um", disse Schwartz a *EXA-ME*. "Acredito que em dez anos os presidentes vão se comunicar diretamente com clientes, funcionários e parceiros. Porque, se você não participar da conversa, outros falarão no seu lugar." Mincheff, da Edelman, concorda: "A percepção do consumidor é que a informação que vem do presidente ou do diretor de uma empresa é mais confiável do que a obtida num *site* ou pelo telemarketing", diz. "A empresa ganha um rosto."

BLOG(O)NOVELA: a invenção do rádio trouxe a radionovela; a da televisão, a telenovela. A fotonovela, por sua vez, do ponto de vista semiótico-narrativo, é uma miscigenação do folhetim, da história em quadrinhos e do cinema, após a invenção da fotografia e do cinema. Agora, com a internet, novos gêneros literários (?) surgem como a "blogonovela", que tem as características narrativas, propriedades linguístico-discursivas, estrutura composicional próprias da novela tradicional, ou seja, um folhetim construído num *blog*, podendo inclusive ser produzida em coautoria.[6]

BLOGROLL (v. *BLOGDEX*): palavra formada de *blog* + *roll* (=lista), se caracteriza por ser uma lista de endereços de *blogs*, a qual se localiza na página de entrada de um *blog* em forma de coluna. Esse conjunto de endereços indica uma subcomunidadede de bloguistas ou blogueiros.

BLOGUE: v. *BLOG*, CIBERDIÁRIO, DIARIOSFERA, DIÁRIO DIGITAL, DIÁRIO ELETRÔNICO, DIÁRIO ÍNTIMO, DIÁRIO PESSOAL, *MINIBLOG*, *FOTOBLOG*, *WEBLOG*, WEBLOGUE.

BLOGUICE (v. CIBERFOFOCA, CIBERFOFOQUICE, COMENTÁRIO, *HOAX*): notícias que circulam na blogosfera (v.), mas com características dos gêneros lorota, fofoca, mexerico ou boato, geralmente gêneros orais. Trata-se de uma notícia de fonte desconhecida, muitas vezes infundada, que se divulga entre o público, ou de qualquer informação ou fato não oficial que circula dentro de um grupo. Muitas vezes de natureza maledicente, por ser uma afirmação ou comentário não baseados em fatos concretos, é muito

---

[6] Para mais detalhes sobre folhetim, fotonovela, novela, radionovela e telenovela, consultar COSTA, 2008.

comum entre pessoas que convivem numa comunidade e que a/o divulgam à boca pequena (v. BOATO, in Costa, 2008, p. 45).

BLOGZINE (v. *E-ZINE*): formado de *blog* + (fan) + zine, que seria um *blog* com características de um fanzine (v. NR 15) ou *e-zine* (v.), ou seja, um *blog* alternativo.

BROCHUREWARE: v. AGENDA, CATÁLOGO VIRTUAL

CARTÃO VIRTUAL (v. E-CARTÃO): mensagem afetiva ou de congratulações que se envia a uma pessoa ou instituição na passagem de alguma data importante. A mensagem de texto geralmente vem acompanhada de alguma imagem e mesmo de música, linguagem multimodal ou multissemiótica facilitada pelos recursos da internet.

CATÁLOGO VIRTUAL (v. AGENDA, *BROCHUREWARE*): catálogo virtual que substituiu os tradicionais catálogos de papel. Trata-se de um *site* (v.) que traz informações sobre bens e serviços de uma empresa ou pode ser também uma lista de endereços ou de números telefônicos, por exemplo. Geralmente é uma relação ou lista, organizada em ordem alfabética, de coisas ou pessoas, com breve notícia a respeito de cada uma, o preço, quando for o caso (por exemplo, catálogo de loja, de fábrica, de produtos para divulgação, etc.). Também pode tratar-se de uma lista ou fichário em que se relacionam ordenadamente livros e documentos de uma biblioteca.

CHAT (v. BATE-PAPO, BATE-PAPO VIRTUAL, CIBERCONVERSA, CONVERSA/CONVERSAÇÃO - NR 7, CONVERSAÇÃO ORAL DIGITAL):

conversa/conversação[7] informal teclada em tempo real através da internet, portanto, virtual. Caracteriza-se como uma escrita abreviada, sincopada, parecida com a escrita escolar inicial. Os usuários de internet usam um código discursivo escrito complexo (alfabético, semiótico, logográfico), em que simultaneamente misturam alfabeto tradicional, caretinhas, *scripts*, etc. para "conversar" teclando, portanto escrevendo. Usam abreviações, síncopes e outros recursos (alongamentos, caixa alta, etc.). Trata-se de um novo código discursivo e cultural, espontaneamente construído, que se caracteriza como um conjunto de recursos icônicos, semióticos, logográficos, tipográficos e telemáticos.

Recursos já existentes (sinais de pontuação, abreviações, elementos gráficos, maiúsculas, etc.) são reutilizados pelos usuários para o desenvolvimento do falar-escrito ou da escrita-oralizada, de caráter híbrido, que caracteriza os *chats* (bate-papo) da internet, uma interação bastante informal (*chat mode*). Segundo Anis (2000) trata-se de uma norma scriptoconversacional (nova grafia) do espaço eletrônico, a qual visa facilitar a redação de mensagens e regular as trocas de interação verbal e social na internet.

Novas motivações enunciativas (relações de amizade, atitudes lúdicas do falar-escrever, procura de expressividade, afetividade ou

---

[7] CONVERSA/CONVERSAÇÃO: troca de palavras, de ideias entre duas ou mais pessoas sobre assunto vago ou específico; pode ser informal ou formal. É simétrica, pois pressupõe-se o mesmo direito à palavra por partes de todos os participantes da conversação. Nesse sentido, difere da entrevista, que é assimétrica A conversação é presencial, se dá face a face, ou seja, é síncrona espacial e temporalmente. Nesse aspecto, também difere da conversa mediada por telefone (conversa telefônica ou telefonema – v.) ou computador, via internet, em que o tempo é o mesmo, mas os espaços dos interlocutores são diferentes. Esses tipos de conversação possuem características próprias, constituindo-se gêneros diferentes. Contudo, esses atos de fala se fazem mediados pelo diálogo, a forma canônica da conversação.

emotividade) dessa nova esfera de vida social criam uma nova variedade de linguagem, específica desse novo modo de comunicação.

Os usuários da internet estariam mesclando os três sistemas básicos de escrita, histórica e culturalmente construídos pela humanidade (o sistema ideográfico – pictogramas e ideogramas; o sistema silábico e o sistema alfabético) e novos recursos eletrônicos e midiáticos mais recentes. Em outras palavras, ontogeneticamente, os adolescentes, os frequentadores das salas de bate-papo (v.) estariam mesclando, não necessariamente na ordem citada, a escrita de desenhos que representaria as ideias diretamente; os sistemas escritos baseados em palavras; os sistemas silábicos não vocalizados ou sistemas consonantais e o sistema alfabético, em que as diferenças de vogais fazem os controles lexicais (em português, "*tudo*" é diferente de "*todo*"; em inglês, "*bad*" é diferente de "*bed*"), inventando um novo "sistema escrito" ou um novo "código discursivo".

Alguns fragmentos de textos recortados de produtos escritos em salas de bate-papo (*chats*) podem exemplificar a escrita/escritura[8] dos *chats*.[9] Além de ser informal, coloquial e fugir do uso padrão falado ou escrito, ela apresenta estas características:

(i) é abreviada, sincopada, contraída, às vezes, sem marcas de fronteiras entre as palavras como na escrita escolar inicial:

Session Star: Sun abr 02 11:43:13 2000

1. <Wally> vc entra no sábado e no domingo?

---

[8] Refiro-me à escrita como processo e à escritura como artefato técnico, ligado à história das técnicas industriais.

[9] O exemplos aqui citados encontram-se nos artefatos da pesquisa de FREITAS; COSTA S. R. *Construção/produção da escrita na internet e na escola: um enfoque sócio-histórico*. Projeto (1999-2000-2001). Os sujeitos da pesquisa são pré-adolescentes e adolescentes (faixa etária entre 11-17 anos e classe social variada), que estudam em colégios públicos e particulares da cidade de Juiz de Fora (MG).

\<Wally\> sempre com esse nick?

\<Felipe-15\> é

\<Felipe-15\> e vc?

\<Felipe-15\> abreviaçam geral

\<Wally\> legal... além do mirc o que mais vc faz na net?

\<Felipe-15\> icq

\<Felipe-15\> chat terra

\<Felipe-15\> terra chat

\<Wally\> vc não usa o til, pq?

\<Felipe-15\> pq demora

\<Felipe-15\> é chato

\<Felipe-15\> naum tem necessidad

\<Wally\> acho isso muito legal...

\<Felipe-15\> é bom q pde escreve tudu erradu

\<Felipe-15\> da manera q c fala

2. E o seu? Oq tapensando?

3. Colé pagodeira? (qual é pagodeira?)

4. poetatiraecenome (poeta tira esse nome, o nickame poeta)

   (ii) a abreviação fonética, quando usada, a torna um sistema escrito não vocalizado ou consonântico:

   q *tc*? Ninguém quer *tc* comigo? = (*quer teclar*? Ninguém quer *teclar* comigo?)

   De onde *vc tc*? = (De onde *você tecla*?)

   To *tc* agora! = (Tô *teclando* agora!)

   Bjs pra *vc tb*:) = (*Beijos* pra *você também*:))

   (iii) é entonacional: esta característica é expressa por sinais de pontuação em excesso, principalmente interrogações e exclamações; letras maiúsculas (caixa-alta) e alongamentos, muitas vezes usados simultaneamente, como nos exemplos abaixo:

   Session Start: Sat Apr 08 14:20:51 2000

   Session Ident: StarFox (star.fox@catar.powerline.com.br)

1. <StarFox> Já ??????????????

2. StarFox> Pq ??
   <Ana-Flavia> mt trabalhos
   <StarFox> hummmm ..
   <StarFox> Meus pêsames !!

3. <StarFox> ME DÁ UMA EXPLICAÇÃO PRA ISSO OWWW!!!!!
   <StarFox> pq tá rindo ?
   <Ana-Flavia> perai ... vc nao recebeu?
   <StarFox> NÃÃÃÃÃÃÀÃÃÃO !!!!!!!

4. <StarFox> Ainda ñ chegou ?????
   <Ana-Flavia> mandei um dcc pra vc
   <Ana-Flavia> vc nao aceitou
   <StarFox> CLARO Q SIM !!!!!!!!!!!!!!!
   <StarFox> CLARO Q SIM !!!!!!!!!!!!!!!

5. <Ana-Flavia> la vai
   <StarFox> PQ ISSO ??
   <StarFox> PQ ISSO ??
   <StarFox> PQ ISSO ??
   <StarFox> HEIN ??
   <StarFox> HEIN ??
   <StarFox> HEIN ??
   <StarFox> FALA ALGUMA COISA OW !!!

   (iv) tem recursos icônicos "paralinguísticos": caracteretas/careti-nhas (emoticons), topogramas, scripts, risadas.

1. <StarFox> Pena q ñ consigo ver ele !!
   <StarFox> :(= (triste)
   <Ana-Flavia> ja foi la?
   <StarFox> Sim !!
   <StarFox> :(((((= (muito triste)
   <StarFox> ñ ten nada !!
   <StarFox> :~(= (infeliz)
   <Ana-Flavia> hehehe = (risos)

<StarFox> ME DÁ UMA EXPLICAÇÃO PRA ISSO OWWWWWWWW
!!!!!! = (gargalhando)
<StarFox> pq tá rindo ?
<Ana-Flavia> perai ... vc nao recebeu?
<StarFox> NÃÃÃÃÃÃÃÃÃÃÃO !!!!!!!
<StarFox> :~(~~~~~~~~~~ = (muito, muito infeliz)
<Ana-Flavia> to tentando mandar
<StarFox> :)))))))))) = (muito feliz)
<StarFox> Aki ...
<StarFox> Vou ter q sair ...
<StarFox> :((((((((((((((= (muito, muito triste)
<StarFox> + tarde a gente se fala tá ?
<StarFox> Tchau gata !!
<StarFox> :*** = (beijos)

2. Exemplos de *scripts* (grafismos numéricos)

<NaneRocha_campean> q massa AC!!!! Me dá o end pra copiar o script!
<ACJF> Fla2000Script –By Paulo-20 Download em: www.crflamengo.
com.br/canalflamengo

<ACJF> Bandeira do Flamengo..
<ACJF> #C#####*######################
<ACJF> ###R###*######################
<ACJF> #####F#*######################
<ACJF> ##############################
<ACJF> ##############################
<ACJF> ##############################
<ACJF> ##############################

<Anna-Julia> <> ACJF <> ele vira aki!!!!!

<ACJF> Manto Sagrado..
<ACJF> ||--------\--/-------||
<ACJF> ||--------__--------||
<ACJF>   -------BR-------
<ACJF>   ----------------
<ACJF>   ----------------
<ACJF>   ---LUBRAX---
<ACJF>   ----------------

Todas essas características constituem um novo código (sistema de escrita e de escritura) discursivo criado pelos internautas. São formas de escrita e escritura híbridas escripturais (desenhos, *scripts*), logográficas, topogrâmicas, alfabéticas, com uma nova sintaxe e novo ritmo "conversacional", com novas formatações linguístico-rituais, com novos parâmetros espaço-tipográficos.

Em alguns sistemas mais antigos de *chat*, a tela é dividida em duas. Cada parte contém o texto de um dos interlocutores. Novos sistemas permitem a criação de "salas" de conversa com formato de páginas *web*. O *chat* na internet ficou famoso com os servidores IRC (*Internet Relay Chat*), ICQ (*I seek you*), onde são criadas várias "salas", ou canais, abertos ou privados, para abrigar os usuários simultaneamente ou em ambiente reservado. Geralmente os usuários fazem uso de apelidos [*nicknames*] (v.) para garantir, entre outros motivos, o anonimato, como se pode constatar nos recortes acima (*Wally, Felipe 15, StarFox...*).

A partir das características do ambiente[10] *chat*, temos alguns tipos de gêneros: o ***chat* em aberto**, ***chat* reservado**, ***chat* agendado**, ***chat* privado**.

a) *Chat* em aberto (*room-chat*): número ilimitado de pessoas que teclam, abertamente, em interação simultânea e síncrona, no mesmo ambiente.

b) *Chat* reservado: o que o diferencia do *chat* anterior é que dois papeadores se selecionam mutuamente, e suas falas não são acessíveis aos demais interlocutores, embora ambos possam continuar vendo todos os demais em aberto.

---

[10] Ambientes são domínios de produção e processamento de textos onde emergem novos gêneros, aí abrigados ou condicionados. Como exemplos, podemos citar os AMBIENTES: *WEB, E-MAIL*, FOROS DE DISCUSSÃO, *CHAT, MUD* e de AUDIO e VIDEO (v. WALLA-CE, 1999, p. 19-30; MARCUSCHI, 2004, p. 25-28).

c) *Chat* agendado: como o próprio nome diz, é agendado pelos papeadores e pode oferecer mais recursos tecnológicos para troca de arquivos.

d) *Chat* privado: o que o difirencia de b) é que apenas dois papeadores teclam em uma sala privada.

CHAT TV (v. *CHAT*, BATE-PAPO VIRTUAL, SMS, TORPEDO, PITACO): os canais abertos, na sua programação interativa, oferecem ao telespectador o uso do teletexto, conhecido como torpedos (v.), que são mensagens que aparecem na parte inferior da tela. Já as operadoras de TV a cabo, levam o uso dos torpedos ao extremo com o "*Chat* TV". Há aí uma diferença, em relação tanto ao torpedo quanto aos *chats* na internet. A tela fica cheia de mensagens do tipo das usadas em uma sala de bate-papo (v.) *on-line*, com a diferença de que os usuários se comunicam via SMS,[11] e não pela internet.

"Chat TV" mostra textos escritos via celular

Por exemplo, o "*Chat* TV" de TV a Cabo *Net* tem 150 mil pessoas cadastradas e pelo menos 12 comunidades no *site* de relacionamentos Orkut. A mais popular delas – "Sou viciado em

---

[11] SMS (Serviço de Mensagens Curtas, do Inglês *Short Messages Service*) é um serviço disponível na maioria dos telefones celulares (e em outros dispositivos móveis, como PCs de bolso ou até computadores de mesa) que permite o envio de mensagens curtas (também conhecidas como mensagens de texto) entre telefones celulares, outros dispositivos portáteis e até telefones fixos. Outros usos do SMS podem ser: compra de *ringtones* e papéis de parede, entrada em competições. Há também vários serviços disponíveis na internet, que permitem que os usuários mandem mensagens de graça (Fonte: http://wikipedia.org).

Chat TV", com cerca de 1.220 membros – mostra que, além de conhecer pessoas, os usuários querem aparecer. "Fique famoso, apareça na TV para o Brasil inteiro!", diz o *slogan* (v.) ou chamada (v.) do grupo. Mesmo não ganhando fama no país, como prega a comunidade, os participantes conseguem ter seus "15 segundos" e atrair a atenção de outros usuários. Como o tempo é limitado, as mensagens (v.) são breves e cheias de abreviações como as dos torpedos (v.). Também predomina o uso da linguagem coloquial, como nos *chats* em geral.

CIBERBLOGÁRIO (v. BLOGÁRIO, CIBERGLOSSÁRIO): blogário publicado no ciberespaço.

CIBERCOMENTÁRIO (v. BLOGUICE, COMENTÁRIO, *HOAX*): texto crítico, elogioso ou não, que se faz de textos ou *posts* (v.), no ciberespaço.

CIBERCONFERÊNCIA: v. CONVERSA/CONVERSAÇÃO - NR 7, E-FÓRUM, FÓRUM, FÓRUM ELETRÔNICO OU VIRTUAL, GRUPO DE DISCUSSÃO, LISTA DE DISCUSSÃO, LISTA DE DISTRIBUIÇÃO, *NEWSGROUP*.

CIBERCONTO DO VIGÁRIO: v. E-ESPARRELAS.

CIBERCONVERSA (v. CONVERSA/CONVERSAÇÃO - NR 7, BATE-PAPO VITUAL, *CHAT*): conversa mediada pelo computador

CIBERDIÁRIO: v. *BLOG*, BLOGUE, DIÁRIO DIGITAL, DIÁRIO ELETRÔNICO, DIÁRIO ÍNTIMO, DIÁRIO PESSOAL, DIARIOSFERA, *FOTOBLOG*, *WEBLOG*, WEBLOGUE.

CIBERFOFOCA: v. BLOGUICE e *HOAX*.

CIBERFOFOQUICE: v. BLOGUICE e *HOAX*.

CIBERGLOSSÁRIO (v. BLOGÁRIO, CIBERBLOGÁRIO): uma espécie de glossário/ dicionário de termos da rede. O ciberglossário possuiria, portanto, a estrutura composicional (ordem alfabética ou temática) e o estilo de um glossário ou de um dicionário, com compilações várias de vocábulos ou de informações sobre uma área do saber. No caso, de termos referentes à rede e similares.

CIBERPAPER (v. ARTIGO, *POST*): o "*paper*" é um artigo (v.) científico de opinião ou expositivo, em prosa livre, que discorre sobre tema/assunto específico e caracteriza-se pela visão de síntese e tratamento crítico, principalmente pela não exigência do aprofundamento do tema e da extensão do texto a ser produzido (Costa, 2008, p. 147). Quando presente na internet, recebe o nome de *Ciberpaper*.

CIBERPETIÇÃO (v. CIBER-REIVINDICAÇÃO): formulação escrita de pedido ou reivindicação, em forma de abaixo-assinado ou não, feita na rede. Ao contrário da petição judicial tradicional, que é dirigida ao juiz competente ou que preside ao feito, não possui alto grau de formalidade linguística e interlocutiva, pois o conteúdo é variado: vai de boas causas (violação de direitos humanos, defesa do ambiente) a bobagens ou assuntos (doação de sangue raro) que podem ser pretextos de "caça" a endereços eletrônicos para "roubo" de informações pessoais de usuários mais incautos.

CIBER-REIVINDICAÇÃO (v. CIBERPETIÇÃO): é um gênero textual mais específico da rede, pois se trata de uma reivindicação, geralmente em forma de abaixo-assinado, que circula na internet recolhendo assinaturas em defesa de direitos dos internautas, gratuidade ou exclusão de algum programa, etc.

CIBER-ROMANCE: trata-se de uma história de amor produzida no ciberespaço, ou como literatura específica da internet, gerada por computador, com a produção de textos automáticos multis-semióticos, ou produzida em páginas pessoais, *weblogs,* etc. (v. CIBERLITERATURA na última parte deste *Minidicionário*).

CIBERSPOT(E) (v. ANÚNCIO, BÂNER, *BANNER*, E-ANÚNCIO): v. principalmente bâner.

COMENTÁRIO (v. BLOGUICE, CIBERCOMENTÁRIO, *HOAX*): usado tanto na escrita quanto na oralidade, refere-se a um conjunto de notas ou observações, esclarecedoras ou críticas, expositivas e/ou argumentativas, sobre quaisquer assuntos. São análises, notas ou ponderações, por escrito ou orais, críticas ou de esclarecimento, geralmente curtas, acerca de um texto, um evento, um *post* (v.) de *blog* (v.), um ato, etc. No cotidiano, é muito comum o caráter mais ou menos malicioso ou malévolo que se dá aos atos ou palavras de outrem (v. BLOGUICE, CIBERFOFOQUICE ou CIBERFOFOCA). No ciberespaço, comentário recebe o nome de cibercomentário (v.).

CONTO VIRTURREAL: história curta, de configuração material pouco extensa, econômica em personagens, ação, espaço e tempo, que funde elementos da vida virtual, ciberespacial e da real.

CONVERSAÇÃO ORAL DIGITAL (v. BATE-PAPO, BATE-PAPO VIRTUAL, *CHAT*, CIBERCONVERSA, CONVERSA/CONVERSAÇÃO - NR 7): trata-se de uma ciberconversa (v.) feita via internet, mediada por um computador (caixa de conversa em que se tecla) e/ou por um sistema de microfone, como oferecem o Messenger e o Skype. Ao contrário da conversação tradicional, que é presencial e se dá face a face, por isso síncrona espacial e temporalmente, na conversação oral digital só o tempo é síncrono, pois os interlocutores ocupam espaços diferentes, como acontece na conversação telefônica.

Portanto constituem-se gêneros diferentes, mesmo possuindo algumas características comuns. Contudo, todos esses atos de fala se fazem mediados pelo diálogo, a forma canônica da conversação.

CORREIO: v. CORREIO ELETRÔNICO, CORRESPONDÊNCIA, *E-MAIL.*

CORREIO ELETRÔNICO (v. CORREIO, CORRESPONDÊNCIA, *E-MAIL*): Como ambiente é um programa (canal) que permite trocar mensagens eletrônicas entre usuários diversos: familiares, amigos, colegas, empresas, etc. Muito mais rápido que o correio tradicional, bem menos caro que o telefone e de fácil manuseio, possui certas qualidades que fazem dele um meio de comunicação original. Não é necessário que o destinatário esteja conectado à internet no momento em que a mensagem for enviada. Um aviso, indicando quantas mensagens novas existem, será apresentado assim que o usuário se conectar à rede. É possível enviar simultaneamente cópias de mensagens para várias pessoas e guardar as mensagens enviadas. Pode-se ainda usar o correio eletrônico para participar de listas de discussão e distribuição. Ou seja: o dispositivo permite que pessoas de um mesmo projeto ou interessadas no mesmo assunto possam fazer uma discussão coletiva *on-line* (v. listas de discussão), como nos *forums* (v.). É possível, inclusive, enviar textos anexados (*attachment*). Nesse sentido, o correio eletrônico não se limita ao texto-mensagem, pois abre possibilidades de trocas de tabelas, de imagens, de gráficos, de brincadeiras e até de vídeos. Como gênero, v. *e-mail.*

CORRESPONDÊNCIA (v. CORREIO, CORREIO ELETRÔNICO, *E-MAIL*): pode ser usado como sinônimo de cartas, mensagens postais ou eletrônicas/*e-mails* (v.), telegramas, etc. expedidos ou recebidos. Também no discurso jornalístico é usado como matéria, artigo de jornal publicado em forma de carta de leitores.

DEMO (v. TRAILER): forma reduzida do inglês *demonstration* (demonstração), é um gênero comum na informática, na indústria fonográfica e de vídeo, feito para demonstração ou apresentação (v), por exemplo, de um produto, de uma série de músicas, de um aplicativo informático, etc., com objetivos comerciais.

DEMONSTRAÇÃO: v. *DEMO* acima.

DIÁRIO DIGITAL: v. *BLOG*, BLOGUE, CIBERDIÁRIO, DIARIOSFERA, DIÁRIO ELETRÔNICO, DIÁRIO ÍNTIMO, DIÁRIO PESSOAL, *FOTOBLOG*, *MINIBLOG*, *WEBLOG*, WEBLOGUE.

DIÁRIO ELETRÔNICO: v. *BLOG*, BLOGUE, CIBERDIÁRIO, DIARIOSFERA, DIÁRIO ÍNTIMO, DIÁRIO PESSOAL, *FOTOBLOG*, *MINIBLOG*, *WEBLOG*, WEBLOGUE.

DIÁRIO ÍNTIMO[12]: v. *BLOG*, BLOGUE, CIBERDIÁRIO, DIARIOSFERA, DIÁRIO ELETRÔNICO, DIÁRIO PESSOAL, *FOTOBLOG*, *MINIBLOG*, *WEBLOG*, WEBLOGUE.

DIÁRIO PESSOAL: v. *BLOG*, BLOGUE, CIBERDIÁRIO, DIARIOSFERA, DIÁRIO ELETRÔNICO, DIÁRIO ÍNTIMO, *FOTOBLOG*, *MINIBLOG*, *WEBLOG*, WEBLOGUE.

DIARIOSFERA: v. *BLOG*, BLOGUE, CIBERDIÁRIO, DIÁRIO DIGITAL, DIÁRIO ELETRÔNICO, DIÁRIO ÍNTIMO, DIÁRIO PESSOAL, *FOTOBLOG*, *MINIBLOG*, *WEBLOG*, WEBLOGUE.

---

[12] v. DIÁRIO (COSTA, 2008, p. 81-83).

DICIONÁRIO[13] **ELETRÔNICO**: dicionário que tem suporte informático e pode ser consultado na internet.

E-ANÚNCIO: v. ANÚNCIO, BÂNER, *CIBERSPOT(E)*, *BANNER*.

E-CARTÃO: v. CARTÃO VIRTUAL.

E-DIÁRIO: pode ser sinônimo de ciberdiário (v.), diário digital (v.), diário eletrônico (v.). Também pode ser um jornal diário que possui versão em papel e versão eletrônica e pode ser lido na internet. Nesse caso, seria um suporte onde circulam vários tipos de gêneros.

E-ESPARRELAS (v. CIBERCONTO DO VIGÁRIO): o ato de enganar as pessoas incautas passou também a ser usado na internet, oferecendo-lhes grandes vantagens aparentes. Os textos que são usados para se cometer esse tipo de delito têm conteúdo e estilo próprios. Geralmente as e-esparrelas ou cibercontos do vigário oferecem vantagens que exploram as "fraquezas" (solidariedade, generosidade, etc.) e "ganâncias" (ganhar algum dinheiro fácil ou algum produto gratuitamente) humanas, em textos de "estilo sedutor", na forma das

---

[13] DICIONÁRIO: "compilação completa ou parcial de unidades léxicas (palavras, locuções, afixos etc.) ou de certas categorias específicas de uma língua, organizadas numa ordem convencionada, geralmente alfabética, que pode fornecer, além das definições, informações sobre sinônimos, antônimos, ortografia, pronúncia, classe gramatical, etimologia, etc. Há dicionários de vários tipos, sendo mais comuns aqueles em que os sentidos das palavras de uma língua ou dialeto são dados em outra língua (ou em mais de uma) e aqueles em que as palavras de uma língua são definidas por meio da mesma língua.
Na lexicologia, por extensão de sentido, dicionário pode ser usado como equivalente a glossário (v.), vocabulário (v.), com compilações várias, ou de vocábulos, de opiniões, idéias ou de informações sobre alguma área do saber ou fazer humanos, etc., como este Dicionário." (COSTA, 2008, p. 83)

conhecidas "correntes". Os cibervigaristas usam esses meios, muitas vezes, para obter informações sigilosas, enganando os incautos.

E-FÓRUM: v. AUDIOCONFERÊNCIA, CIBERCONFERÊNCIA, CONVERSA/ CONVERSAÇÃO - NR 7, FÓRUM, FÓRUM ELE-TRÔNICO OU VIRTUAL, GRUPO DE DISCUSSÃO, LISTA DE DISCUSSÃO, LISTA DE DISTRIBUIÇÃO, *NEWSGROUP*, TELE-CONFERÊNCIA, VIDEOCONFERÊNCIA.

E-MAIL (v. BATE-PAPO VIRTUAL, *CHAT,* CORREIO ELETRÔNICO, MENSAGEM, TORPEDO): o termo *e-mail* (*electronic mail*) pode ser usado para o sistema de transmissão (ambiente), para o endereço eletrônico (v. abaixo) dos usuários e, por metonímia, para o próprio texto (mensagem eletrônica). É neste último sentido que se trata dele aqui como gênero, definido como mensagem eletrônica escrita (v. NR 11 sobre SMS), geralmente assíncrona, trocada entre usuários de computador ou de celular que possuam internet. Assim, ele é mais rápido que a correspondência postal comum, fácil de ser usa-do. É um gênero emergente original, com qualidades linguísticas, enunciativas, e pragmáticas próprias, embora possa ter um formato textual semelhante a uma carta, a um bilhete (v.), a um recado (v.) ou a um fax.[14] Seu tom coloquial e direto é muito eficiente e eficaz. Não há perda de tempo nem fórmulas convencionais. Vai-se direta-mente ao assunto, sem obrigatoriedade de começos formais, como acontece também no bilhete (v.). Diferentemente do fax, o correio eletrônico (*e-mail)* permite que se modifique um texto enviado, com sobreposições de discursos, pois há possibilidades técnicas

---

[14] Não estamos considerando o *fax* (*telefac-símile*) como gênero, mas como meio/mecanis-mo/sistema de transmissão de correspondência, pois cada documento enviado (também chamado *fax*) pode ser um gênero diferente.

para fragmentar e divulgar uma mensagem em diversos espaços. Para editá-lo, tanto em termos de produção ou de recepção, basta copiar, colar ou cortar parte ou o todo do conteúdo de uma mensagem (v.). Também pode ter textos anexados (*attachment*). Além disso, tanto como correspondência tanto pessoal quanto formal, em relação aos interlocutores, o destinatário pode ser um ou vários simultaneamente como na carta circular.

Quanto à estrutura/formato/composição textual, geralmente o *e-mail* assim se organiza:

a) endereço do remetente: preenchimento automático;

b) data (dia da semana, dia do mês e ano) e hora: preenchimento automático;

c) endereço do destinatário: deve ser preenchido, quando é nova mensagem (v.). Quando é resposta, o preenchimento é automático;

d) possibilidade de cópias a outros destinatários: deve ser preenchido;

e) assunto: dever ser preenchido; em caso de resposta, pode-se adotar o que foi enviado;

f) texto: vocativo (não obrigatório); corpo da mensagem; despedida (não obrigatória), assinatura (v.);

g) possibilidade de anexação de documentos (*attachment*);

h) possibilidade de inserção de *emoticons* (carinhas), som, desenhos ou voz.

Também se diferencia de outros gêneros eletrônicos digitais emergentes como o *chat*/bate-papo virtual (v.), lista de discussão (v.) ou fórum (v). No *e-mail*, os interlocutores geralmente são conhecidos ou amigos, diferentemente do que pode ocorrer nos *chats*. O anonimato é uma violação do gênero *e-mail* como o é a carta anônima. As listas ou fóruns de discussão, por sua vez, normalmente não são pessoais como os *e-mails*, embora o comércio, a indústria e outras instituições estejam usando, cada vez mais, o *e-mail* como veículo de propaganda e divulgação. O uso de *emoticons* parece cada vez menor nos *e-mails*, mas continua muito comum nos *chats*. Mas há algo bastante comum, permitido pelos dispositivos eletrônicos, entre esses gêneros digitais, que é a possibilidade de envio de imagens com animação, fundo com papel especial e anexação de texto gravado, limitado até agora a uns dois minutos.

ENDEREÇO ELETRÔNICO ou ENDEREÇO de *E-MAIL* (v. CORREIO ELETRÔNICO, ENDEREÇO POSTAL, *E-MAIL*): caixa postal para troca de mensagens na internet (rede). É o endereço para onde devem ser enviadas as mensagens. O endereço de *e-mail* é formado pelo *nome de usuário* (*username* ou *apelido/nickname* – v.) e o *nome de domínio* a que ele pertence. Por exemplo: **costasero@uol.com.br**. Neste exemplo, **costasero** é o *username* que o usuário escolheu para utilizar no Universo Online. E **uol.com.br** é o nome de domínio do **UOL**. Detalhando: nome + arroba + servidor + natureza do provedor + país.

Zanotto (2005, p. 110), no "Quadro 22: Estruturas do *e-mail*", assim o caracteriza:

Ibral	@	visão.	com.	br
Nome	*Arroba*	*Nome do servidor*	*Organização*	*País*
Nome ou abreviatura do nome do proprietário da caixa de correio	Símbolo com o sentido de "em" (lugar em que); designa o endereço do provedor	Identificação da máquina encarregada de receber e enviar as mensagens	Abreviatura que indica o tipo de organização à qual pertence o endereço (comercial, governamental, organizacional)	Abreviatura de duas letras que indica o país a que pertence o endereço

Há também endereço de *portal* (v.) ou *home page* (v.) que oportuniza o acesso a *sites*/sítios (v.) e segue o protocolo próprio da *web*: <http> + dois pontos + duas barras + sigla www + ponto + nome da *home page* + natureza do provedor + ponto (pode ser: **com.** = comercial; **gov.** = governamental; **org.** = organização não lucrativa; **mil.** = militar; **net.** = rede) + país. (**<http://www.uol.com.br>**) Há, contudo, endereços que terminam na natureza do provedor, sem o ponto, como é comum nos Estados Unidos (**<http://www.libraryjournal.com>**) e mesmo em provedores brasileiros (**<http://www.hotmail.com>**). Após o endereço "básico", seguido de uma barra, podem aparecer *links* para outras informações específicas do assunto pesquisado na *web* (**<http://www.direitonet.com.br/dicionariojuridico>**).

Tanto o endereço pessoal quanto o de *home page* devem conter todas as informações: caracteres, siglas. Acentos e diacríticos não são usados, exceto os dois pontos e o ponto, como nos exemplos acima. Caso contrário, a correspondência não se efetiva ou o acesso a *home pages* e *sites*/sítios (v.) é negado. Ou seja, o endereço eletrônico é "exato" e "padronizado".

E-ZINE (v. BLOGZINE): o *e-zine*, (fan)zine[15] eletrônico, é um e-gênero marcadamente marginal. E-gênero, porque faz parte das

---

[15] Segundo Zavam (2007, p. 96, NR 2), "Fanzine (*fanatic* + *magazine*) são publicações impressas, fora das estruturas comerciais de produção cultural, feitas por pessoas interessadas na divulgação ou na (re)produção de histórias em quadrinhos, poemas, ficção científica, informações sobre bandas independentes, experimentações gráficas, entre outras expressões artísticas".
Mas, segundo a autora, o *fanzine* é um dispositivo eletrônico, e o *e-zine* também seria um gênero discursivo, na concepção bakhtiniana sócio-histórica do termo, já que nenhum texto (gênero) surge "de um espaço vazio, mas sim de um diálogo com outros já constituídos..." (ZAVAM, 2007, p. 96-97). Contudo ela usa esse conceito de dialogia de Bakhtin para interpretar o *e-zine* como *tradição discursiva* na concepção de Katabek (2003), segundo a

práticas culturais discursivas do espaço cibernético; e marginal, porque essas práticas são típicas de "gêneros que se colocam à margem do processo de produção cultural institucionalmente constituído e valorizado" (ZAVAM, 2007, p. 110). No *e-zine*, os e-zineiros ou egotrippers (v. Pequeno Vocabulário... no final deste *Minidicionário*) quebram os padrões convencionais linguístico-discursivos e culturais, modificando as relações de poder. Vozes reprimidas pelos meios tradicionais de comunicação emergem com a liberação de emissão que a internet possibilita. Mediadas pelo computador, essas vozes ocupam espaços da cultura ciber-nética sem contrapô-la e reconstroem discursos e gêneros ligados à tradição jornalística (editorial, entrevista, resenha e outros, que ali emergem ou que vêm de outros espaços), numa situação de produção cultural *underground*, muitas vezes desprezada ou subes-timada pela sociedade e pela mídia tradicionais. Conteúdo e estilo rebeldes, contestadores, descontraídos, marginais se refletem no quadro da enunciação de maneira específica e singular, sem o pa-drão de confiabilidade e autoridade do estilo jornalístico de revistas tradicionais *on-line*, onde predominam um conteúdo temático cultural, uma língua culta e uma escolha genérica, socialmente mais valorizados. O conteúdo temático do *e-zine* se resume na publicação e divulgação de uma cultura alternativa (*underground*), em que predominam notícias, agendas e resenhas de *shows*, CDs, DVDs alternativos e entrevistas com bandas independentes.

---

qual o usuário de uma língua produz seu discurso de acordo com formatos textuais orais e escritos pré-existentes na sociedade (ZAVAM, 2007, p. 96). Contudo para Zavam (2007, p. 110), não importa se concebamos o *e-zine* como suporte, dispositivo enunciativo ou tradi-ção discursiva. O que importa é "sugerir a inclusão do e-zine, assim como outros gêneros [...] marginais – que se colocam à margem do processo de produção cultural institucio-nalmente constituído e valorizado – nas práticas de ensino da escola". Por isso, também colocamos o verbete *E-ZINE* neste *Minidicionário*.

A "língua marginal" em que se publica esse conteúdo, concretiza-se nas escolhas linguístico-discursivas, lexicais e sintáticas, próprias de um estilo rebelde e contestador, e pode ser vista em enunciados concretos que circulam em *e-zines*, e mesmo na autodenominação dos grupos e dos seus respectivos *sites*, como nos exemplos abaixo, retirados de Zavam (2007, p. 107-109):

> (01)
>
> "Amigos que se juntaram para 'tocar o bom e velho crossover/ trash', só isso bastou para formar esta grande banda fodida que é o Bandanos."
>
> (02)
>
> **DURO DE MATAR – Zug-Bar – Sorocaba/SP – 30/07/2006 – La Cliqua, Deskarrego, Nervo, X4, Vulgar e T-D4.**
>
> "[...]
>
> Quem abre a tarde de porradas no ouvido é a recém nascida **La Cliqua** [...]
>
> Foi um show muito bom para nos (...) E pra fechar a noite e fazer todo mundo ir embora dormir feliz, **T-D4**, na noite de estréia de seu cd demo com levadas mais punks e com mesma agressividade fechou a noite com chave de ouro.
>
> [...]"
>
> (Os exemplos 01 e 02 foram retirados do e-zine "Grito Alternativo" <http://gritoalternativo.com>. Acesso em: 10 ago. 2006).
>
> (03) Grupos e *sites*:
>
> 1. Areia Hostil <www.areiahostil.com.br>
>
> 2. Banheiro Feminino <www.banheirofeminino.com.br>
>
> 3. Catacumba <www.matallatack.com.br>
>
> 4. O Bastardo <www.obastardo.hpg.com.br>
>
> 5. Paradoxo Rebelde <www.metalpesado.com.br>
>
> 6. Penumbra Zine <www.evilwar.com.br>

F

FLAME: mensagem de *e-mail* (v.) ou de *newsgroup* (v.) em forma de insultos, agressiva e rude. Esse é o uso mais comum hoje, embora possa ser usada como mensagem amorosa quente e apaixonada (*caliente*), de acordo com o significado original de *flame* em inglês (chama, fogo, ardor, paixão).

FÓRUM (v. AUDIOCONFERÊNCIA, CIBERCONFERÊNCIA, CONVERSA/ CONVERSAÇÃO - NR 7, E-FÓRUM, FÓRUM DE DISCUSSÃO, FÓRUM ELETRÔNICO OU VIRTUAL, GRUPO DE DISCUSSÃO, LISTA DE DISCUSSÃO, LISTA DE DISTRIBUIÇÃO, *NEWSGROUP*, TELECONFERÊNCIA, VIDEOCONFERÊNCIA): reunião, congresso, conferência que envolve debate de temas problemáticos e polêmicos, específicos de comunidades civil e institucional. Este gênero de discurso, muito comum nas sociedades contemporâneas, visa, a partir da discussão de idéias e exposição de opiniões diversas sobre um tema, encontrar coletivamente soluções para problemas específicos. Nessa discussão e/ou exposição, geralmente, predomina o discurso argumentativo, produzido numa linguagem mais formal. As decisões tomadas no fórum de discussão (v.), a partir de uma multiplicidade de opiniões e dizeres, teriam legitimidade frente aos membros da comunidade que, consensualmente, seriam co-responsáveis pela elaboração e implementação delas. Trata-se de um tipo de prática social discursiva muito típica de comunidades democráticas, como o são as empresas, universidades e academias.

FÓRUM DE DISCUSSÃO (v. AUDIOCONFERÊNCIA, CIBERCONFERÊNCIA, CONVERSA/CONVERSAÇÃO - NR 7, E-FÓRUM, FÓRUM, FÓRUM ELETRÔNICO OU VIRTUAL, GRUPO DE DISCUSSÃO, LISTA

DISCUSSÃO, LISTA DE DISTRIBUIÇÃO, *NEWSGROUP*,[16] TELECON-
FERÊNCIA e VIDEOCONFERÊNCIA): mesmo que fórum (v.), mas
trata-se também, na internet, de um *ambiente*, isto é, um domínio
de produção e processamento de textos onde emergem novos
gêneros, como a lista ou grupo de discussão (v.). Termo genérico
para tal, a palavra "fórum" pode ser aplicada tanto para grupos de
discussão da *Usenet* (v.) como para listas de distribuição (v.). Em
serviços *on-line* norte-americanos, a palavra "fórum" (v. FÓRUM e
FÓRUM ELETRÔNICO OU VIRTUAL) é utilizada para descrever
os grupos de discussão internos.

FÓRUM ELETRÔNICO ou VIRTUAL (v. AUDIOCONFERÊNCIA, CIBER-
CONFERÊNCIA, CONVERSA/CONVERSAÇÃO - NR 7, E-FÓRUM, FÓRUM,
GRUPO DE DISCUSSÃO, LISTA DE DISCUSSÃO, LISTA DE DISTRIBUIÇÃO,
NEWSGROUP, TELECONFERÊNCIA, VIDEOCONFERÊNCIA): reedição do
fórum (v.), a partir do surgimento de novas invenções tecnológicas,
o fórum eletrônico ou virtual ou e-fórum (v.) pode se assemelhar ao
fórum (v.) tradicional, mas realmente é um novo gênero, assim como
o é o "bate-papo virtual/*chat*" (v.), que possui semelhanças com o bate-
papo (v.) do cotidiano, e o é, também, o *e-mail* (v.) que se parece com
a carta (v.). Ou seja, são todos gêneros diferentes entre si.

Por ser de grande abrangência social (*ubiquidade*) e bastante
democrático, pela participação irrestrita de qualquer usuário de
internet (*universalidade*), o fórum eletrônico ou virtual se caracteriza por ter tópicos de discussão escolhidos estrategicamente pelos

---

[16] A tipologização dos gêneros emergentes na internet ainda é objeto de discussões entre
os pesquisadores, por isso, como explicamos na Apresentação, optamos por colocar neste nosso *Minidicionário* todos estes verbetes (GRUPO DE DISCUSSÃO, FÓRUM DE
DISCUSSÃO, *E-MAIL*, *HOME PAGE*, *SITE*/SÍTIO, LISTA DISCUSSÃO, LISTA DE DIS-
TRIBUIÇÃO, *NEWSGROUP*, PORTAL) para que nosso leitor procure discernir, pelas
definições e características, o que poderia ser tratado como ambiente e o que poderia ser
um gênero de discurso.

portais de internet (v. portal) ou pelas respectivas comunidades dos sítios (v) de relacionamento. Nestes, cada usuário convidado e cadastrado pode participar das discussões e construir discursos argumentativos em torno de temas polêmicos. Nos *portais de acesso à internet* que instigam o debate (v.) sobre temas de grande apelo popular, geralmente não há censura, o que torna a discussão (v.) livre e bastante acirrada. As discussões síncronas ou as postagens das opiniões excitam os ânimos, e os textos apresentam as mais variadas formas e tamanhos. Em ambos os casos, há usuários que se atêm ao tema proposto, mas outros se distanciam totalmente da enquete (v.) e acabam produzindo discursos os mais variados (piadas, críticas, protestos, etc.). É justamente essa liberdade de expressar o conteúdo que se quer e como se quer, de se ter um embate aberto interlocutivo livre, a característica principal desse gênero eletrônico ou digital.

A construção desses discursos argumentativos se dá na interação entre os interlocutores-usuários, mediada por turnos que se alternam em forma de debate, no que se assemelha ao fórum (v.) tradicional oral, quando a discussão (v.) for síncrona, como nos *chats* (v.), ou por mensagens postadas, quando assíncrona. Nesse caso, os usuários leem as opiniões dos outros e postam as suas próprias para que outros possam contestar ou não.

Quanto à linguagem, análises apontam para um gênero de constituição discursiva híbrida scripto-oral, em que se usam recursos tanto verbais quanto paraverbais. É um gênero escrito, constituído multissemioticamente e com muitas marcas discursivas, sociais, etnográficas e culturais da oralidade. Predomina aí uma linguagem abreviada, sincopada, com logogramas, topogramas, ícones diversos, com alongamentos de letras e sinais de pontuação, letras maiúsculas e *scripts*, usados para expressão de emoções diversas na construção do discurso argumentativo. Predomina também uma linguagem coloquial, bem informal, sem censuras de qualquer ordem: o usuário fica mais à vontade para escrever da maneira que quer e para abordar o tema e desenvolver suas ideias sem sanções ou cortes de qualquer natureza.

Em síntese, pode-se dizer que o fórum eletrônico possui estilo próprio em função do espaço em que circula e faz parte de novas práticas sociais provocadas pelo advento da internet, embora se assemelhe ao fórum (v.) tradicional quanto ao objetivo de construção de discursos argumentativos a partir de temas polêmicos.

FOTOBLOG (v. *BLOG*, BLOGUE, CIBERDIÁRIO, DIÁRIO DIGITAL, DIÁRIO ELETRÔNICO, DIÁRIO ÍNTIMO, DIÁRIO PESSOAL, DIARIO-SFERA, FOTOBLOGUE, *WEBLOG*, WEBLOGUE): *f.blog*, isto é, *blog* (v.) de fotos. Há o hábito de se colocar uma ou mais fotos por dia que podem, inclusive, substituir textos. O texto geralmente tem importância secundária, já que a imagem fala mais alto. Também é aberto aos comentários dos visitantes, como o *blog* (v.).

FOTOBLOGUE: v. *FOTOBLOG* acima.

GRUPO DE DISCUSSÃO (v. AUDIOCONFERÊNCIA, CIBERCONFE-RÊNCIA, CONVERSA/CONVERSAÇÃO - NR 7, E-FÓRUM, FÓRUM DE DISCUSSÃO, FÓRUM ELETRÔNICO OU VIRTUAL, LISTA DE DISCUS-SÃO, LISTA DE DISTRIBUIÇÃO, *NEWSGROUP,* TELECONFERÊNCIA, VIDEOCONFERÊNCIA): mesmo que Lista de Discussão (v.).

HIPERLINK (v. *LINK*, PALAVRA-CHAVE): ver *LINK*.

HOAX (v. BLOGUICE, CIBERCOMENTÁRIO, CIBERFOFOCA, CIBER-FOFOQUICE, COMENTÁRIO): boato que circula pela internet via correio eletrônico (v.), *blog* (v.) ou listas de distribuição (v.).

HOME PAGE[17] (v. PORTAL, *SITE*, SÍTIO)[18]: muitas pessoas utilizam inadequadamente o termo *home page* para definir qualquer página *web*. Rigorosamente, uma *home page* é a página de entrada ou inicial de um *site*/sítio (v.), mas o termo pode ser usado também para indicar a página principal de uma deter-minada seção. Por exemplo, no UOL existem várias áreas e, em cada uma delas, existe uma página principal que pode ser chamada de *home page* da área. Portanto, a *home page* tem duas funções básicas: introduz o usuário ao conteúdo geral do *site*/sítio e funciona como a porta oficial para a *web*. Teria origem e semelhança em certos gêneros jornalísticos, como a primeira página de jornal, que indica, promove e orienta a leitura do conteúdo do jornal em seus vários cadernos. Em ambos (página inicial de jornal e *home page*) podemos encontrar sumário (v.), palavra-chave (v.), manchete (v.), índice (v.), quadros, *links* (v.), que ajudam a localização de informações, notícias e outras que são procuradas. Como esse tipo de gênero introdutório con-tém outros gêneros, como os citados acima (formariam uma "colônia de gêneros relacionados", conforme Bhatia [2004]), há estudiosos que consideram a *home page* como *ambiente*

---

[17] Temos visto o composto *home page* escrito separadamente ou formando uma só palavra (*homepage*). Contudo estamos seguindo a grafia que está em <http://www.houaiss.uol.com.br>, 2006.

[18] *Home pages* (páginas pessoais), sítios/*sites*, portais são entendidos por certos autores como gêneros introdutórios; por outros como *ambientes* de localização de informações. *Ambientes* são domínios de produção e processamento de textos na internet, que contém vários tipos de gêneros e onde podem emergir outros novos gêneros. (v. NR 22).

(v. NR 10, p. 49, NR 24, p. 76 e o verbete AMBIENTE, p. 129). Mas o propósito comunicativo, tanto no modo de leitura (*moves*), já que é um texto, como no modo de navegação (*links* genéricos e específicos), já que a *web* é um novo meio (nova mídia), apresenta novas estratégias retóricas de leitura hipertextual (combinação de recursos visuais, auditivos e audiovisuais: gráficos, neográficos, ícones diversos, cores, sublinhas, etc.) que fazem da *home page* um novo gênero introdutório virtual (eletrônico-digital).

Os *moves* podem ter as seguintes funções, segundo Askehave; Nielsen (2004 *apud* Bezerra, 2007, p. 120):

– *atrair a atenção*: chamada da atenção do leitor quando entra na *home page*;

– *saudação*: criação da sensação de boas-vindas;

– *identificação do proprietário*: consolidação, mediada por um logotipo, da imagem do proprietário e orientação do usuário sobre seus próprios interesses na *web*;

– *indicação do conteúdo*: função central da *home page* e geralmente corresponde ao *menu* (v.) principal (v. abaixo *links* genéricos);

– *detalhamento do conteúdo*: oferta de informações mais detalhadas sobre alguns tópicos listados ou não no menu (v.) principal, através de sumários (v.) curtos ou lides (v.);

– *estabelecimento de credenciais*: estabelecimento de uma imagem confiável do proprietário do *site*/sítio (v.);

– *estabelecimento de contato*: possibilidade de o leitor entrar em contato com o proprietário;

– *estabelecimento de comunidade (discursiva)*: através de identificação, senha e *login*, permissão para os usuários criarem uma relação de pertencimento com o *website*;

– *promoção de outras organizações*: propaganda (v.) de outras companhias ou produtos, mediados por anúncios (v.) em forma de bâners (v.).

Os *links* (v.) genéricos, geralmente enunciados breves em forma nominal, dão acesso aos principais tópicos do *site*/sítio (v.) pela barra (v.) de navegação fixa, sempre visível, localizada no topo da página (v.) e por menus (v.) complementares, que podem vir à esquerda ou à direita da página.

Os *links* (v.) específicos antecipam uma informação, introduzindo o conteúdo parcial de um tópico cujo texto maior está no interior do *site*/sítio (v.). Cabe ao leitor decidir o acesso ou não ao texto completo. São mais dinâmicos que os genéricos, uma vez que podem ser atualizados constantemente.

LINK (v. *HIPERLINK*, PALAVRA-CHAVE)[19]: em hipertextos, um *(hiper)link* (ligação) é uma conexão de uma palavra, imagem ou objeto para outro, ou seja, é o nome dado à ligação, ao elo que leva a outras unidades de informação em um documento-hipertexto. O *(hiper)link* pode fazer referência à outra parte do mesmo documento ou a outros documentos. As ligações (*elos, nós, hiperlinks*) normalmente são indicadas por meio de uma palavra, imagem, objeto, ícone fixo ou móvel, texto curto ou mais extenso, apresentados em cor diferente ou sublinhados, etc., que podem abrir um campo de leitura muito amplo. Ao clicar na ligação, o usuário é levado até o texto ou textos interligados.

---

[19] Seria o *(HIPER)LINK* um gênero? Fica em aberto a discussão, embora o tenhamos colocado em nosso dicionário, já que é um enunciado com características específicas e *sui generis*, que o diferenciariam, por exemplo, de palavra-chave (v.).

LISTA DE DISCUSSÃO (v. AUDIOCONFERÊNCIA, CIBERCONFE-RÊNCIA, CONVERSA/CONVERSAÇÃO - NR 7, E-FÓRUM, FÓRUM ELETRÔNICO OU VIRTUAL, GRUPO DE DISCUSSÃO, LISTA DE DISTRIBUIÇÃO, *NEWSGROUP*, TELECONFERÊNCIA, VIDEOCONFE-RÊNCIA): grupo de discussão (v.) que debate algum tema específico e cujas mensagens são distribuídas por correio eletrônico (v.) àqueles que estão inscritos nas listas de tais tipos de ambiente ou fórum de discussão (v.). Trata-se de uma comunicação assíncrona, mediada por um *moderador* (*owner*) ou *webmaster* que difunde as regras específicas da lista, organiza as mensagens recebidas e pode fazer-lhes uma triagem antes de direcioná-las aos partici-pantes, bem como controlar os assuntos e o número de usuários. Sua presença é importante, mesmo que não faça o controle com todo o rigor. Possuindo um endereço eletrônico (v.), inscrito e liberado pelo *owner*, o internauta posta sua mensagem (v.) que será lida por todos os usuários. As mensagens vinculam-se a um assunto específico, que pode estar relacionado a *websites* ou a temas determinados por um grupo específico de usuários de *chats*/salas de bate-papo (v.).

LISTA DE DISTRIBUIÇÃO (v. CIBERCONFERÊNCIA, CONVERSA/CONVERSAÇÃO - NR 7, E-FÓRUM, FÓRUM, FÓRUM ELETRÔNICO OU VIRTUAL, GRUPO DE DISCUSSÃO, LISTA DE DISCUSSÃO, *NEWS-GROUP*): as listas de distribuição (*mailing lists*) permitem a criação de grupos de discussão (v.) ou lista de discussão (v.), usando-se apenas o correio eletrônico (v.). Funcionam por meio de um ser-vidor de listas responsável por manter o nome dos usuários que assinam o serviço, enviando ao servidor, via correio eletrônico (v.), um comando. Os usuários utilizam-se desse correio para mandar mensagens ao servidor de listas, que se encarrega de enviar uma cópia a cada um dos participantes.

MÁSCARA ou MÁSCARA DIGITAL: v. APELIDO, *NICK, NICKNAME.*

MENU (v. BARRA, CARDÁPIO, CARTA): como relação (v.) de iguarias, bebidas, sobremesas, etc., usada em restaurantes e bares, ver o verbete *cardápio*. Na informática (ver *barra*), refere-se a uma lista (v.) ou rol (v.) de opções ou entradas colocadas à disposição do usuário. O menu aparece nas *home pages* (v.) e *sites*/sítios (v.), listando as funções de que o usuário poderá se servir, utilizando-se de um programa ou de um *software*.

MENSAGEM (v. AVISO, COMUNICADO): comunicação, geralmente curta e breve, que transmite a alguém um aviso (v.), um comunicado, uma informação, uma felicitação, uma ordem, etc. São exemplos dessas mensagens, feitas oralmente ou por escrito, pelos meios de comunicação (rádio, tv, jornais, correspondência comum ou oficial, internet (v. correio eletrônico e mensagem instantânea), a comunicação oficial entre os Poderes Executivo e Legislativo de uma nação ou o discurso escrito enviado por chefe de Estado ao Poder Legislativo para informar sobre fatos oficiais; o comunicado de autoridade a uma coletividade, como as mensagens de Natal do papa ou do presidente da República à nação; felicitação ou louvor escritos e endereçados a uma entidade por motivo solene, etc.

MENSAGEM INSTANTÂNEA (v. PITACO, TORPEDO): mensagens enviadas por programas como AIM, ICQ e MSN, entre outros, que podem ser lidas instantaneamente por outra pessoa conectada à internet. Os programas de mensagens instantâneas diferem do correio eletrônico (v.) por serem mais simples e capazes de estabelecer diálogos *on-line* imediatos.

MINIBLOG (v. *BLOG*, BLOGUE, CIBERCONVERSA, DIARIOSFERA, DIÁRIO DIGITAL, DIÁRIO ELETRÔNICO, DIÁRIO ÍNTIMO, DIÁRIO PESSOAL, *FOTOBLOG*, *WEBLOG*, WEBLOGUE): os textos do *miniblog* são mais curtos e mais breves que os *posts* dos *blogs* (geralmente com menos de 200 caracteres. No Twitter (v. p. 155 deste *Minidicionário*), apenas com 140 caracteres, predomina o conteúdo pessoal e lúdico do cotidiano, num estilo em que a sátira, o humor, as tiradas e as frases de efeito estão sempre presentes.

NEWSGROUP (v. AUDIOCONFERÊNCIA, CIBERCONFERÊNCIA, CONVERSA/ CONVERSAÇÃO - NR 7, E-FÓRUM, FÓRUM, FÓRUM ELETRÔNICO OU VIRTUAL, GRUPO DE DISCUSSÃO, LISTA DE DISCUSSÃO, LISTA DE DISTRIBUIÇÃO, TELECONFERÊNCIA, VIDEOCONFERÊNCIA): grupo de discussão (v.) da *Usenet*.[20] Cada nó da rede de computadores pode oferecer cópias dos *newsgroups* da *Usenet* aos seus usuários. As mensagens (v.) dos usuários são armazenadas pelos nós, que trocam entre si as novas mensagens. Assim, os *newsgroups* da *Usenet* mantêm sempre uma base atualizada de mensagens. Considera-se falta de netiqueta (v.) colocar perguntas fora do objetivo de um grupo. Para organizar as discussões, cada *newsgroup* é dedicado a um assunto e organizado em uma hierarquia. Existem, por exemplo, as hierarquias *comp* (sobre computadores), *bio* (sobre biologia), *soc* (sobre aspectos sociais e

---

[20] *USENET*: rede de grupos de discussão (v.) amplamente disseminada na internet. A rede é formada por grupos de discussão (v.), chamados *newsgroups* (v.). Cada servidor que participa da *Usenet* troca, com os demais servidores, as mensagens (v. mensagem) enviadas por seus usuários. Assim, todo o conjunto de mensagens colocado nos grupos de discussão (v.) está sempre atualizado. *Usenet* é também conhecido como *Usenet News* ou apenas *News,* ou ainda *Netnews.*

culturais), *misc* (uma hierarquia para assuntos alternativos que não cabem nas outras), *talk* (para bate-papo), *rec* (atividades e *hobbies*).

NETIQUETA (v. TWITIQUETA): do francês, *"netiquette"*, conjunto de regras de etiqueta[21] que disciplinam a interação na internet. Ensina, entre outras coisas, como se comportar em grupos de discussão e como escrever mensagens de forma a preservar a eficiência da rede e ampliar o potencial de comunicação. O estilo e a estrutura composicional se assemelham aos da etiqueta tradicional. Quanto ao estilo, predomina o discurso instrucional, pois são regras de comportamento e conduta, organizadas, em sequência. Ou seja, quanto à estrutura composicional, geralmente se organiza em frases curtas, como se fossem "mandamentos":

Não convidar pessoas para outro canal.

Não incluir banidos por outro usuário.

Não repassar *e-mail* a desconhecidos.

Não chamar ninguém em "privado" sem motivo.

Responder sempre ao que lhe perguntarem.

NICK* ou *NICKNAME : v. APELIDO, MÁSCARA, MÁSCARA DIGITAL

NUPÉDIA (v. DICIONÁRIO - NR 13, *TWICTIONARY* , WEBOPÉDIA, WIKIPÉDIA): semelhante à Wikipédia (v.), mas sem conexão editorial mútua, também é um projeto aberto de enciclopédia *on-line*, com todas as características de formatação, estrutura e estilo.

---

[21] ETIQUETA: "nas cortes, era um conjunto de normas de conduta, protocolo (v.) e, por extensão de sentido, passou a se referir cotidianamente ao conjunto de regras de conduta, principalmente as de tratamento, seguidas em ocasiões sociais mais formais. Quanto ao estilo, predomina o discurso instrucional, pois são regras de comportamento e conduta, organizadas, composicionalmente, em seqüência." (COSTA, 2008, p. 96-97)

P

PÁGINA (v. *HOME PAGE*, PORTAL, *SITE*/SÍTIO): na internet, conjunto de informações (texto, gráficos e informações em multimídia) contidas num único arquivo em *hipertexto* ou por ele referenciadas, capazes de ser exibidas no vídeo de um computador por um programa tipo navegador.

PERFIL VIRTUAL: v. AUTORRETRATO VIRTUAL.

PITACO: v. AVISO, BILHETE, PITACO, RECADO, *SCRAP*, TORPEDO.

PORTAL (v. PÁGINA, *HOME PAGE*, *SITE*/SÍTIO): *site* (v.) que se propõe ser a porta de entrada da *web* para as pessoas em geral. Tipicamente, um portal possui um catálogo de *sites* e um mecanismo de busca. Um portal pode oferecer ampla variedade de serviços, tais como correio eletrônico (v.), fóruns de discussão (v.), dispositivos de busca, informações gerais e temáticas, páginas de comércio eletrônico e muitos outros.

POST (v. ARTIGO, *CIBERPAPER*): forma substantiva do verbo "*to post*", em inglês, refere-se a uma entrada de texto efetuada num *weblog/blog* (v.). O conteúdo centra-se na temática proposta pelo *blog* e conforme o tipo de *blog* (v.) – diários pessoais, informativos ou profissionais – , será o conteúdo dos comentários (v.) enviados pelos leitores que têm muita liberdade de expressar o que quiserem. As postagens são organizadas tradicionalmente de forma cronologicamente inversa na página, de modo que as informações mais atualizadas aparecem primeiro. *Post* e comentário (v.) podem ser construídos multissemioticamente, pois atualmente a maioria dos *blogs* (v.) é compatível com o recurso de inserção de imagens, vídeos e áudio, além do próprio texto. O *post* é geralmente um texto do tipo narrativo (relatos), descritivo e opinativo. Já o comentário (v), texto em geral curto, é do tipo opinativo, pois expressa uma opinião sobre o tema desenvolvido no *post* do blogueiro.

RECADO (v. AVISO, BILHETE, PITACO, *SCRAP*, TORPEDO): aviso ou comunicação verbal ou escrita(o), levados ou deixados a outrem. O recado geralmente é curto e objetivo. Seu grau de formalidade depende de com quem se faz a interlocução. Na internet, recebe o nome de *scrap* (v.) ou bilhete (v.)

SCRAP (v. AVISO, BILHETE, PITACO, RECADO, TORPEDO): em inglês significa "pedaço de papel, recorte", por extensão, refere-se a um texto semelhante ao bilhete (v.), pelo estilo e estrutura, em que o internauta deixa um aviso (v.) ou recado (v.) em *websites* de comunidade *on-line,* como o Orkut.[22]

SENHA: linguagem, secreta ou não, em que entram palavras, às quais, convencionalmente, dão-se significações diferentes das que normalmente possuem, muito usada por agentes secretos, policiais, etc. Também em certos tipos de jogos ou gincanas aparecem frequentemente. Pode ser também um conjunto sistemático de sinais, números ou abreviações (podendo ser alfanumérico), destinados a possibilitar brevidade de expressão ou economia de palavras, para

---

[22] O <www.orkut.com> é um *website* de comunidade *on-line* projetado para amigos. Seu principal objetivo é tornar a vida social do usuário e dos amigos mais ativa e estimulante. Pelo menos foi o que pretendia seu criador, o engenheiro da Google que o desenvolveu, Orkut Buyukkokten.

vários fins, como acesso a contas bancárias, a dados da vida escolar e acadêmica, da vida profissional, acesso a sistema de computação, internet, etc., exclusivamente para usuários autorizados.

SÍTIO[23]: v. *SITE.*

SITE (v. *HOME PAGE*, PÁGINA, PORTAL, *WEBSITE*): coleção de arquivos *web* sobre determinado assunto com um início chamado *Home page* (v.) ou página (v.) pessoal. Um *site* pode conter uma ou mais páginas (v.). O termo *site* também pode ser usado com o sentido de uma instituição que oferece serviços aos usuários.[24]

TELECONFERÊNCIA (v. ÁUDIOCONFERÊNCIA, CIBERCONFERÊNCIA, CONVERSA/CONVERSAÇÃO - NR 7, E-FÓRUM, FÓRUM, FÓRUM DE DISCUSSÃO, FÓRUM ELETRÔNICO OU VIRTUAL, GRUPO DE DISCUS-SÃO, LISTA DE DISCUSSÃO, LISTA DE DISTRIBUIÇÃO, *NEWSGROUP*, VÍDEOCONFERÊNCIA): conferência, debate, discussão, fórum de discussão (v.) realizada(o) via telefone fixo ou móvel, via televisão ou computador.

TELEFONEMA (v. BATE-PAPO/PAPO, BATE-PAPO VIRTUAL, CIBER-CONVERSA *CHAT*, COLÓQUIO, CONVERSA/CONVERSAÇÃO - NR 7, DEBATE, DIÁLOGO): conversa ou conversação (v. NR 7) via telefone

---

[23] Na linguagem da internet, palavra da língua portuguesa que se sugere para substituir *site* (v.) em inglês. No português de Portugal já é de uso geral, enquanto no português brasileiro ainda se usa muito mais a palavra inglesa. O <http://www.houaiss.uol.com.br> sugere o uso de "sítio".

[24] Nesse caso, pode-se dizer que *site* seria mais um *ambiente* que um gênero textual, entenden-do-se *ambientes* como domínios de produção e processamento de textos de onde emergem novos gêneros textuais aí abrigados ou condicionados. Como exemplos, podemos citar os AMBIENTES: *WEB, E-MAIL,* FOROS DE DISCUSSÃO, *CHAT, MUD* e de ÁUDIO e VÍ-DEO (v. WALLACE, 1999, p. 19-30; MARCUSCHI, 2004, p. 25-28).

fixo ou móvel. Ao contrário da conversação canônica tradicional, que se dá face a face, portanto presencial, síncrona espacial e temporalmente, o telefonema (também conhecido como telefonada) é feito a distância, por isso os espaços dos interlocutores são diferentes, embora o tempo seja o mesmo como na conversa tradicional. Essa característica modifica a construção dos diálogos, a interação verbal entre os falantes e, por isso, tem-se outro gênero do discurso, embora haja muitas semelhanças entre a conversação tradicional e a telefônica, pois esses atos de fala se fazem mediados pelo diálogo (v), a forma canônica da conversação (v. NR 7).

TORPEDO (v. BATE-PAPO VIRTUAL, BILHETE, *CHAT*, *CHAT* TV, MENSAGEM INSTANTÂNEA, PITACO, RECADO, *SCRAP*): tradicionalmente, torpedo é um bilhete (v.), escrito à mão, que uma pessoa envia, entrega ou manda entregar a outra em bares, restaurantes, *dancings*, etc., geralmente com intenções amorosas. Como se trata de um bilhete, a linguagem é coloquial, e o texto breve, numa interlocução direta. Muitas vezes, o emitente não se dá a conhecer diretamente, dando "dicas" para que o destinatário o descubra.

Atualmente, é muito comum, na mídia, um tipo de mensagem curta que recebeu também o nome de torpedo ou pitaco (v.). Telespectadores participam de programas dos canais da TV aberta, não só assistindo, mas também enviando essas mensagens de texto pelo SMS (*Short Message System*), as quais são exibidas geralmente ao "pé" da tela. Assim, o conteúdo dos torpedos geralmente relaciona-se a votação em enquetes (v.), solicitação de vídeos e opiniões sobre temas diversos. Tudo feito como muito humor e brincadeira. Como o tempo é limitado, as mensagens são breves e, muitas vezes, em linguagem telegráfica e cheia de abreviações, como a dos *chats* (v.). Nessa onda da TV interativa, os canais têm como objetivo uma participação "divertida" do público na programação. Por isso, as emissoras que utilizam os torpedos possuem *softwares* e funcionários responsáveis por uma triagem, para que o canal não exiba textos com palavrões e mensagens ofensivas.

A popularização desse tipo de teletexto está ligada a dois fatores: praticidade e mobilidade. Para enviar uma mensagem a programas de TV, o usuário não precisa ligar o micro, conectar-se à internet nem escrever um *e-mail*, pois a conexão é feita via celular, que sempre está à mão, utilizando uma tecnologia própria (SMS) para o envio de mensagens de texto desse tipo. A cada torpedo enviado para programas de TV – com exceção daqueles relacionados a promoções que dão prêmios – o telespectador paga uma taxa, não muito alta, mais impostos.

Hoje boa parte das empresas, substituindo o envio de cartas pelo correio ou ligações telefônicas, que geram altos custos operacionais, passou a usar também os "torpedos" como parte do processo que permite atingir os consumidores de forma direta e, sobretudo, discreta. O mesmo tem acontecido com empresas especializadas em cobranças. A grande vantagem dessa tecnologia está na redução de custos, uma vez que o custo de envio de torpedos chega a ser de três as cinco vezes menor do que o custo de correio ou ligação para telefones celulares. No que se refere à correspondência empresarial, o conteúdo dos torpedos está relacionado com o que a empresa vende, mas o estilo breve, curto e objetivo das mensagens é comum aos tipos de torpedos descritos acima.

TWICTIONARY (v. DICIONÁRIO - NR 13, NUPÉDIA, *TWICTIONA-RY*, WIKIPÉDIA, WEBOPÉDIA): dicionário (v. NR 13) específico dos "twitteiros", usando a ferramenta wiki (v. NR 25). Gabriela Zago, no *site* http://www.twitterbrasil.org/, em 20/0209, escreveu: "Toda hora aparecem no Twitter termos e expressões próprias da ferramenta que só quem convive algum tempo nela consegue entender. É 'baleiando' para cá, 'retweet' para lá, e muitos outros termos. Foi para acompanhar o surgimento desses termos que o usuário @ahocley criou o twictionary, um wiki no qual se tem uma lista dessas palavras pouco usuais próprias do Twitter, indicando quem a mencionou pela primeira vez."

TWITIQUETA (v. NETIQUETA): Twitter + etiqueta: regras implícitas (muitas vezes, não escritas) de conduta no Twitter.

VÍDEOCONFERÊNCIA (v. AUDIOCONFERÊNCIA, CIBERCONFERÊNCIA, CONVERSA/CONVERSAÇÃO - NR 7, E-FÓRUM, FÓRUM, FÓRUM DE DISCUSSÃO, FÓRUM ELETRÔNICO OU VIRTUAL, GRUPO DE DISCUSSÃO, LISTA DE DISCUSSÃO, LISTA DE DISTRIBUIÇÃO, *NEWSGROUP* , TELECONFERÊNCIA): conversação, debate, discussão entre mais de dois interlocutores, em ambiente de áudio e vídeo síncronos, realizada(o) por meio de computador ou telefone celular com internet.

WEBLOG: v. *BLOG*, BLOGUE, CIBERCONVERSA, DIARIOSFERA, DIÁRIO DIGITAL, DIÁRIO ELETRÔNICO, DIÁRIO ÍNTIMO, DIÁRIO PESSOAL, *FOTOBLOG*, *MINIBLOG*, WEBLOGUE.

WEBLOGUE: v. *BLOG*, BLOGUE, CIBERCONVERSA, DIARIOSFERA, DIÁRIO DIGITAL, DIÁRIO ELETRÔNICO, DIÁRIO ÍNTIMO, DIÁRIO PESSOAL, *FOTOBLOG*, *MINIBLOG*, WEBLOG.

WEBOPÉDIA (v. DICIONÁRIO - NR 13, NUPÉDIA, *TWICTIONARY*, WIKIPÉDIA): dicionário/enciclopédia *on-line*.

WIKIPÉDIA (v. DICIONÁRIO - NR 13, NUPÉDIA, *TWICTIONARY*, WEBOPÉDIA): o que diferencia basicamente a Wikipédia de uma enciclopédia comum é o fato de ser uma enciclopédia digital (não papel) livre, aberta a modificações diárias (edição livre, comunitária e pública), que usa ferramentas *wikis*[25] (v.) e circula na internet. No mais, define-se como qualquer enciclopédia-papel, seguindo o critério de apresentação alfabético ou temático dos verbetes ou artigos (v.), reunindo, de maneira muito abrangente, os conhecimentos humanos ou apenas um domínio deles e expondo-os de maneira ordenada e metódica.

---

[25] A própria Wikipédia (v.) define *wikis* (vem de *wikiwiki* = rápido, na língua havaiana) como uma coleção de muitas páginas (v.) interligadas e cada uma delas pode ser visitada e *editada* por qualquer pessoa, pois o que caracteriza as ferramentas Wiki é a facilidade de edição e a possibilidade de criação de textos de forma coletiva e livre, assim como se faz na Wikipédia e em outros projetos que utilizam Wikis.

Glossário

Cibernautês/internautês e internetês

Abreviações/abreviaturas, acrônimos e siglas[1]

O objetivo das "abreviações/abreviaturas" é dizer um máximo de coisas em um mínimo de espaço e de tempo. Elas são representações de uma palavra ou expressão com menos letras ou diacríticos do que sua forma gráfica normal. Há também os acrônimos e as siglas. Os acrônimos são as siglas formadas por letras iniciais de vários vocábulos que se pronunciam de forma contínua como se faz com as palavras (Unincor, Unicamp, UNESCO, etc.), enquanto as siglas são soletradas (UFJF, UFU, etc.). Abreviações, acrônimos e siglas ajudam a cumprir a máxima "dizer um máximo de coisas em um mínimo de espaço e de tempo". Com o objetivo, portanto, de ir direto ao essencial do assunto, a linguagem do ciberespaço na internet e do SMS (serviço de mensagens curtas; do inglês *Short Messages Service*) nos celulares e nos PCs de bolso – e mesmo em computadores de mesa – é abreviada, sincopada, contraída, dinâmica, rápida, entonacional (sinais de pontuação em excesso, caixa alta, alongamentos), lúdica, em função da especificidade da

---

[1] Esta seção foi elaborada a partir dos *sites* <http://lidiabel.tripod.com/emotic.html> (10/11/2008) e http://www.netlingo.com/ (2007, 2008 e 2009). Também a partir de DE-JOND (2002, p. 128-131) e BENEDITO (2003, p. 219-264).

mensagem. É o "falar-escrito". Ou segundo Anis (2000), trata-se de uma norma "scripto-conversacional" do espaço eletrônico, a *e-comunicação*. Faz-se da língua um jogo sintático, ortográfico, entonacional, usando-se uma imensidade de caracteres diversificados oferecidos pelo teclado do computador ou do celular. Os aparelhos celulares de nova geração oferecem recursos do "arco-da-velha". Têm estocados em sua memória, além do alfabeto completo, outros diacríticos e até um minidicionário interno. Tudo a um simples toque que coloca à disposição do usuário uma infinidade de palavras e sinais, muitas vezes usados de maneira muito lúdica. Aliás, característica muito apreciada pelos usuários. Fazem parte da ciberlíngua a brincadeira, o jogo, as renovações das siglas e as ressignificações de caracteres, diacríticos, ícones etc.

Eis uma pequena lista de abreviações/abreviaturas, siglas e acrônimos do português que podem ser encontradas em *e-mails*, *blogs*, *chats*, SMS, etc...

Vc ker tc rpdo em pt!!!!!

A) ABREVIAÇÕES/ ABREVIATURAS, ACRÔNIMOS E SIGLAS EM PORTUGUÊS	EXPLICAÇÃO	SIGNIFICADO
-	Acompanha, muitas vezes, certas abreviações ou substitui "menos"	Menos
$	Expressa abundância	Dinheiro, riqueza e semelhantes
@ t		te passo/escrevo um *e-mail*
+	Usa-se com valor de "mais" (advérbio) e também com valor de "mas" (conjunção), pronunciado como [mays].	Mais ou mas
+/-		Mais ou menos

A) ABREVIAÇÕES/ ABREVIATURAS, ACRÔNIMOS E SIGLAS EM PORTUGUÊS	EXPLICAÇÃO	SIGNIFICADO
+tdr		Mais tarde
=		Igual
= mente		Igualmente
1 mnt		Um minuto
1 mmt		Um momento
7D		Semana
ab ou abs		Abraço/abraços
acc		Aceitar
add		Adicionar
aki ou aq		Aqui
alg		Alguém
algm		Algum
an/ans		Ano/anos
apntmnts		Apontamentos
aasdal		Ao sair da aula
asdscol		Ao sair da escola
asgr		A seguir
Ass. ou ass		Assinado ou assinado
at		Atenciosamente
att		Atualizar
a v		A ver
axo		Acho
b nte		Boa noite
b trd		Boa tarde
bgd, obg	Agradecimento	Obrigado
bj bjs		Beijo/beijos
bjo/bju		Beijo
bjaum		Beijão
bjokas		Beijocas
bjones		Beijões
bjufas		Beijos carinhosos
blz		Beleza
bm d		Bom dia
boralá		Vamos/vamos lá/vamos embora
brou	Gíria	Brother = irmão, mano
bstnt		Bastante

A) ABREVIAÇÕES/ ABREVIATURAS, ACRÔNIMOS E SIGLAS EM PORTUGUÊS	EXPLICAÇÃO	SIGNIFICADO
btka		Bitoca
c		Se
c		(Vo)cê
c ou c/ ou cm		Com
c/m ou cmo		Como
cdf		Cu de ferro
cf/cfme		Conforme
c k sab		(Vo)cê que sabe
clga		Colega
cmg		Comigo
cnsco		Conosco
ctg		Contigo
crtez		Certeza
colé		Qual é?
d		De
D + ou d +		De mais/demais
d1		Dum/a
dd ou dsd		Desde
ddtc		Donde tecla?
daki		Daqui
dp *ou* dps		Depois
dscp		Desculpa!
dsctka		Discoteca
eai		Oi! Olá
eheheh		Eh eh eh (riso)
enqt ou enqto		Enquanto
eskce		Esquece!
F	Muito usado em salas de *chat*, quando se pergunta "M ou F" (Masculino ou Feminino?)	Feminino
fdp		Filho da p...
fds		Fim de semana
ffnho/a		Fofinho/a
fps		Felizes para sempre
frs		Férias
fx		Fixe
fzr		Fazer

A) ABREVIAÇÕES/ ABREVIATURAS, ACRÔNIMOS E SIGLAS EM PORTUGUÊS	EXPLICAÇÃO	SIGNIFICADO
gnial		Genial
gr ou grnd		Grande
gto/a		Gato/a
gtinho/a		Gatinho/a
gte		Gente
H	Muito usado em salas de *chat*, quando se pergunta "H ou M" (Homem ou Mulher?)	Homem
hehehe		Risada
h hs		Hora/horas
hr hrs		Hora/horas
hj		Hoje
id ou idd		Idade
i e		Isto é
jah		Já
jok@s		Beijocas
k ou q		Que
k fzr		Que fazer!
k s pass?		Que se passa?
k ou ke tc		Quer teclar? (=conversar?)
ki		Que
kero		Quero
kd		Cadê?
kkkk		Risadas
kda		Cada
kra		Cara
krdo/a		Querido/a
ksa		Casa
km/kem		Quem
lah	O "h" substitui o acento agudo e "estende" a palavra, em vez de abreviá-la. Mas é mais rápido escrever o "h" que colocar o acento agudo, principalmente nos teclados "estrangeiros". Por isso a opção em escrever: tah, voh (avô), vooh (avó) etc.	

A) ABREVIAÇÕES/ ABREVIATURAS, ACRÔNIMOS E SIGLAS EM PORTUGUÊS	EXPLICAÇÃO	SIGNIFICADO
lg/lgo		Logo
lgar ou lgr		Lugar
lpt		Louco por ti
Lx	Usa-se "x" por causa da pronúncia portuguesa do "s", que é semelhante à do carioca	Lisboa
M/F	Muito usado em salas de *chat*, quando se pergunta "M ou F" (Masculino ou Feminino?)	
MAC		Masturbação Assistida pelo Computador
Mc ou McDnis		McDonald's
ma ou mma		Mãe/mamã(e)
mor	Na expressão "maior barato", por exemplo	Maior
mor ou morzin(ho)		Amor(zinho)
MRA		Mudando Radicalmente de Assunto
msg		Mensagem
msm ou mm		Mesmo
mt ou mto ou mtu		Muito
mx		Mexe
mxeu		Mexeu
nd		Nada
-nu	Referimo-nos aqui ao sufixo de gerúndio -ndo que é reduzido a -nu, como em "inu", "flanu", "vendenu", etc.)	Sufixo -ndo
nd a v		Nada a ver
n ou ñ		Não

A) ABREVIAÇÕES/ ABREVIATURAS, ACRÔNIMOS E SIGLAS EM PORTUGUÊS	EXPLICAÇÃO	SIGNIFICADO
nan		Não
naum	Neste caso, não se tem uma abreviação, mas uma nova forma de representar o ditongo nasal "[ãw]", que vai aparecer em outras palavras também, como amaum (=amam) ou taum (=tão). Isso porque é mais fácil não usar o til, e há teclados importados que não possuem o til.	Não
net		Internet
nmrdo/a		Namorado/a
no. ou nr		Número
ns#		Não sei o número
obg ou bgd	Agradecimento	
og		Hoje
okay, ok, oki	Vem do Inglês "OK", que indica concordância com algo	Sim, de acordo
p		Por/para
p ou p/a ou p/		Para
pera		Espera
perai		Espera aí!
plis		(Please) por favor
pq		Porque
pqno/a		Pequeno/a
pra		Para
prof/a		Professor/a
q		Que
qm		Quem
qnd/qd		Quando
qt/qnt		Quanto
qnts		Quantos
qro		Quero
resp		Resposta
rs		Riso(s)
rsrs		Muito riso
sgte		Seguinte

A) ABREVIAÇÕES/ ABREVIATURAS, ACRÔNIMOS E SIGLAS EM PORTUGUÊS	EXPLICAÇÃO	SIGNIFICADO
s		Sim
S/I/L	Geralmente usada nos *chats* para se pedirem informações do interlocutor	Sexo/Idade/Localidade
soh		Só
sp ou smpr		Sempre
t		Ter
t		Te/ti
t ou tñ		Tenho
t + ou te+		(A)té mais! Tchau!
ta ou tah		Está
TB		Tudo bem
tb ou tbm		Também
tc		Teclar = conversar na net
tlgo		Até logo
t ok?		Está bem?
to		Estou
td		Tudo
tds		Todos
td susse		Tudo sossegado? Tudo bom? Tudo bem?
telelé		Telemóvel = celular em Portugal
tnh qir		Tenho que ir
tnt		Tanto
tp ou tpo		Tipo
tv		Televisão
tvz		Talvez
univ		Universidade
Vc ou vx		Você
vjo		Vejo
voh		Avô
vooh		Avó
vz		Vez
v t q ir		Vou ter que ir
x/xz		Vez/vezes
X!		Mulher "gata"
xat		*Chat*
XOXO	Emprestado do inglês	Beijo/abraço/beijo/abraço
xau		Tchau
Y!		Homem "gatão"

Até Maurício de Souza fez um "Pequeno Dicionário Internetês", com "DIKINHAS DO BLOGUINHO!", seu novo personagem da Turma da Mônica, para "facilitar" a leitura. Vejamos:

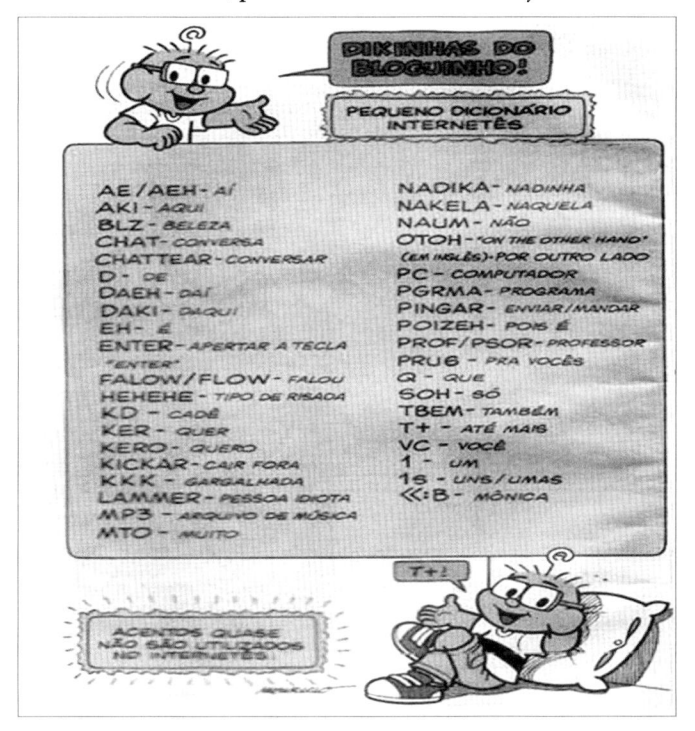

A crônica abaixo, de Antonio Prata, sem entrar no mérito da opinião que ele desenvolve sobre o "internetês" ("essa stranha lihngua da internet" – [*sic*]) e o que ele considera "bom português" (ou "port normal" – [*sic*]), é um bom exemplo dessa ciberlíngua que caracterizamos neste Minidicionário, com suas abreviações (v. páginas anteriores) e a inserção de *emoticons/smileys* (v. Guia mais à frente).

Vamos curtir sua leitura. E o julgamento que fique a cargo do leitor e da leitora!

Estive pensando
por **Antonio Prata** aprata.abril@capricho.com.br

≠s d comunikssaum

A lingua é viva, vive se transformando, + ond vams parar dss jeitu?

GRAMÁTICA PARA INTERNET

À 1ª vz q abri o e-mail e dei de kra c/ uma msgm assim, naum entendi nd. Pnsei q era pau do outlook, pblma do cputador. Naum, nd dsso: era soh + uma leitora da KPRIXO que flava essa stranha lihngua da internet. Como a kda dia que passa, rcbo + msgs nesse dialeto sqzito, percbi q, ou aprendia eu tb a tklar assim, ou fikava p trahs. Na natureza nd c perde, nd c cria, td c transforma: tinha xgado a hr de eu tb me transformar.

Minha 1ª atitud foi tklar para Ehrika, uma garota que screv nessa lihngua, e prgntar como eu fazia p aprendr. Ela flou o sgte: "tipo... eh soh trocar CH por X, Ç por SS, H em vez de acento (é /eh; só/soh) e comer o máx d letras possihvel. Entendeu?" O q naum entendo eh pq tnta complicassão. Era taum fahcil scrver o bom e velho port... Pgntei p o Joaum, 1 primo meu q screv ateh poemas desse jto: pq as pssoas estaum screvndo assim? Ele me garantiu q era pq era + fahcil. Serah? Olha soh, Joaum, Ehrika e td mdo: p tklar naum, uso 4 tklas. Para tklar não, tb uso soh 4. Eh =, ueh?! Kd a facilidad?

Outra splicassaum q me deram foi q, p quem tah nos EUA, eh + smples tklar assim, pq lah o tklado naum tem acents nem ç. Soh q em 2 anos de KPRIXO, minha kra, jah recebi + d 1000 msgs escrts assim, e eram lah do Parah, do Guarujah, de Jauh, + nunk dos Ests Unds. Plo q eu sei, no Guarujah, Parah e Jauh, os tklados tehm todos os acentos, naum?

Sei lah pq, + tenho minhas nohias. Serah q os garotos e garotas q passm o dia todo tklando assim, na hr que tiverem que screvr uma redação em port nrmal, vaum conseguir? Meu medo eh q os garotos e garotas, acostumados a essa forma de comunikssaum, tenham dfculdads c/ as outrs. Afinal, a histohria da humanidade estah tda em livrs, escrts com o portugs culto, cheio de vogais, acentos, vihrgulas, pontos e tdo +. Ou serah que, no futuro, os livrs vaum ser traduzids para a internet? "Hist, do Br: Krta de P. Vaz de Cmnh sobr desc. do BR..."?! Pelo msnger vaum circular poemas d Drummond assim: "Tnha 1 pdra no 1/2 d kminho, no 1/2 d kminho tnha 1 pdra..."???

Klaro, mlhor screvr e ler

assim do q naum screvr nem ler nda. O importante é a gte c comunicar i c nos entendemos com linguagem de srdo/mdo, sinais de fumassa ou flando xneis, naum tem tnta importahncia.

Serah? Sei naum... Tvez eu seja antiquad, 1/2 pessimista, + gost da nossa lihngua e de tdos os pqnos dtalhes. Screvam como quiserm, c comuniquem na lihngua da internet, em cohdigo Morse ou c/ hierohglifos egihpcios, dsd q, d vz em qdo, abram um livro desses antigos, q usam acentos, e deherm uma lida. Tvez d + trbalho do q tklar no msnger, no ICQ ou num chat, + garanto que eh do kct.

Bjs, [ ]s e ateh a prohxima edissaum.

Ass. Antn Prt!

"Hoje em dia não se sabe falar porque não se sabe escutar."
Jules Rehard, escritor francês (1864-1910)

Vejamos agora os quadros de abreviações/abreviaturas, acrônimos e siglas usadas tanto na internet quanto nas SMS em inglês (que são mais universais), francês e espanhol, com tradução para o português, com as devidas explicações de seu uso, quando necessárias, aos internautas (menos experientes, é claro!):

Vc ker tc rpdo em ing!!!!!

B) ABREVIAÇÕES/ ABREVIATURAS, ACRÔNIMOS E SIGLAS EM INGLÊS	EXPLICAÇÃO	INGLÊS	TRADUÇÃO EM PORTUGUÊS
:POOF:	Despedida	Goodbye	Adeus/Tchau
14344	Declaração de amor numérica	I Love You Very Much	Te amo muito
24/7	Amar alguém o tempo todo: 24 horas por dia e 7 dias por semana	All the time	Sempre
2day	Determina-se a hora em que se quer bater papo (ou outra proposta, como um encontro)	Today	Hoje
2moro	*Idem* anterior	Tomorrow	Amanhã
2nite	*Idem* anterior	Tonight	Esta noite
2U2	---	To You, Too	Para vc também
4ever	---	For Ever	Para sempre
4 me	---	For Me	Para mim
AFAIK	Informação dada sem muita certeza	As Far As I Know	Pelo que eu saiba
A/H	---	Always Happy	Sempre feliz/contente
AFJ	Mentir de brincadeira	April's Foll Joke	Primeiro de abril!
AFK	Definição do "estado" em que se encontra o internauta. Diz que vai ficar fora do bate-papo por algum tempo e dá alguma explicação (ocupado, no telefone, em almoço...). Mas volta.	Away From Keyboard	Parando de teclar (Longe do computador)

B) ABREVIAÇÕES/ ABREVIATURAS, ACRÔNIMOS E SIGLAS EM INGLÊS	EXPLICAÇÃO	INGLÊS	TRADUÇÃO EM PORTUGUÊS
AISI	Tal como se pensa, se julga algo	As I See It	Assim que penso Penso desse jeito
AIUI	(Sentido semelhante à abreviação anterior) Tal como se entende algo	As I Understand It	Como eu compreendo
ASAP	Quando se deseja que algo aconteça logo	As Soon As Possible	O mais cedo possível
ASL	Muito usado nos *chats*. O internauta pede informações de seu interlocutor. Trata-se de uma maneira muito direta de se conhecer, mesmo que se minta sobre si mesmo, o que é muito comum na internet.	Age, Sex, Localization	Idade, Sexo, Localização
AYFQ	O usuário demonstra seu nervosismo.	Ask Your Fucking Question	Faça sua m.../p... de pergunta
AYT	No celular (SMS), é muito usada para se saber se se atrapalha o outro. Na internet, utiliza-se para chamar alguém que toma menos a palavra ou não se sabe se ainda está na conversa	Are You There?	Vc taí?

B) ABREVIAÇÕES/ ABREVIATURAS, ACRÔNIMOS E SIGLAS EM INGLÊS	EXPLICAÇÃO	INGLÊS	TRADUÇÃO EM PORTUGUÊS
B2B	Interlocução entre empresas	Business-to-business	Negócio entre empresas
B4	*Idem* anterior	Before	Antes
B4N	O internauta informa que não pode continuar no *chat*, mas volta logo	Bye For Now	Tchauzinho (Tchau por agora)
BAK	O internauta informa que voltou	Back At the Keyboard	De volta ao computador
BBAFM	*Idem* **AFK** acima	Be Back In A Few Minutes	Volto em poucos minutos. Volto logo.
BBL	Variação das duas siglas acima	Be Back Later	Volto mais tarde
BBN	O internauta tem que sair mesmo. A repetição do *"bye"* denota saída urgente ou necessária	Bye Bye Now	Tchau, tchau!
BFN	Encerrando o bate-papo (v. **Oo**)	Bye For Now	É isso daí. Tchau. (É tudo por ora)
BCNU	O uso do verbo "ver" nesta sigla e na abaixo merece uma observação. Numa mensagem de celular, por exemplo, pode significar realmente que as pessoas vão se ver. Mas na internet, "ver" é usado no sentido de "retomar contato", "bater papo de novo"	Be Seeing You	Até logo, até mais.

B) ABREVIAÇÕES/ ABREVIATURAS, ACRÔNIMOS E SIGLAS EM INGLÊS	EXPLICAÇÃO	INGLÊS	TRADUÇÃO EM PORTUGUÊS
BCNUL8TR	Ver explicação logo acima	Be Seeing You Later	Te vejo mais tarde
BF	---	Boyfriend	Namorado
BION	Acredita-se ou não, é o que o interlocutor afirma.	Believe It Or Not	Pode crer! (Acredite ou não, é isso daí)
BTW ou OBTW	Algo que faz lembrar uma coisa nova (Algo que "puxa" outro)	By The Way Oh By The Way	(Oh!) A propósito; por falar nisso, ...
C***	Referir-se a algo agradável	Cool	Legal!
CIAO	Expressão italiana de despedida	Bye	Tchau!
CU ou CYA	Despedida	See You/Ya	Tchau!
CUL ou CUL8R	Despedida	See You Later	Até logo; até mais; te vejo mais tarde.
CWYL	Aviso de que conversa outra hora	Chat With You Later	Teclo/converso com vc mais tarde
CYM	Avisa-se, pelo MSN ou SMS, que foi enviada uma mensagem via *e-mail*	Check Your Mail	Abre (tu)a caixa de correio. Confere teus emails.
DUNNO	---	I Don't Know	Não sei
EZ	---	Easy	Fácil
F2F	(Combinar) um bate-papo	Face to Face	Bate-papo (Literalmente Face a Face/Cara a cara)
FOAD	Em discussões no *chat*	Fuck Off and Die	Se manda e morra!
FRO	Internauta está irritado (puto)	Fuck Right Off	Vai te foder! Não enche o saco!

B) ABREVIAÇÕES/ ABREVIATURAS, ACRÔNIMOS E SIGLAS EM INGLÊS	EXPLICAÇÃO	INGLÊS	TRADUÇÃO EM PORTUGUÊS
FYA	Quando se enviam mensagens engraçadas, divertidas, etc.	For Your Amusement	Para vc se divertir
FYA!	Semelhante à **FRO** acima	Fuck You/Ya	Vai te foder!
FT	Diz-se que está sempre *on-line*	Full time	O tempo todo
FYI	Passa-se um informação ao interlocutor	For Your Information	Para tua informação
G4Y	- - -	Good for You	Bom para vc
GA	Internauta pede ao interlocutor para tomar a palavra/o turno	Go Ahead	É sua vez
G/B	Internauta se informa sobre o sexo de quem entrou na sala de *chat*	Girl or Boy?	Garota ou garoto/ rapaz?
GF	- - -	Girlfriend	Namorada
GAL	Sugere-se que o interlocutor não fique preocupado com algo e/ ou tome uma atitude sem medo de ser feliz	Get A Life	Relaxa!
GFN	Informação de ausência no momento	Gone For Now	Ausente
GUD AM	- - -	Good Morning	Bom dia
GUD PM	- - -	Good Afternoon	Boa tarde/boa noite

B) ABREVIAÇÕES/ ABREVIATURAS, ACRÔNIMOS E SIGLAS EM INGLÊS	EXPLICAÇÃO	INGLÊS	TRADUÇÃO EM PORTUGUÊS
H2H	O mesmo que **F2F** (v.)	Head To Head	Bate-papo (Face a face)
HAGN	----	Have A Good Night	Tenha uma boa noite
HAND	----	Have A Nice Day	Tenha um dia agradável
Hi/Hey	Cumprimento	Hey!	Oi!
HHOK	Fazendo gozação	Há! Há! Only Kidding!	Há! Há! Tô só brincando!
HHOJ	*Idem* acima	Há! Há! Only Joking!	Há! Há! Tô só brincando!
HHOS	Brincando/ironizando	Há! Há! Only Serious!	Há! Há! Sim, sou sério!
HRU? ou **hw r u?**	---	How Are You?	Como está?
HTH	Passando alguma informação ou dicas	Hope This Helps	Espero que isso ajude
IAC	---	In Any Case	Em todo caso
IAE	Quando se quer muito algo	In Any Event	De qualquer maneira; o que quer que seja
IANAL	Quando não se quer dar conselhos	I Am Not A Lawer	Não sou advogado/conselheiro
IC	Quando se percebe do que se trata	I See	Entendo! É claro!
IDK	Quando não se sabe ou desconhece algo	I Don't Know	Não sei
IGP	Justificativa de ausência rápida	I Gotta Pee	Preciso fazer xixi
IMO	Emite-se uma opinião (v. abaixo **JMO**, **JMHO** e **MHO**)	In My Opinion	Segundo minha opinião

B) ABREVIAÇÕES/ ABREVIATURAS, ACRÔNIMOS E SIGLAS EM INGLÊS	EXPLICAÇÃO	INGLÊS	TRADUÇÃO EM PORTUGUÊS
IMHO	*Idem* anterior, em tom de brincadeira	In My Humble Opinion	Segundo minha humilde/modesta opinião
IMNSHO	*Idem, ibidem*	In My Not So Humble Opinion	Segundo minha opinião não muito humilde/modesta
IMOHO	*Idem, ibidem* (Gozação)	In My Own Humble Opinion	Em minha própria humilde opinião
IOW	Confirmando o que se disse antes	In Other Words	Em outras palavras
IRL ou ITRW	Em oposição ao mundo virtual ciberespacial (geralmente em tom de brincadeira)	In Real Life/In The Real Word	Na vida real/No mundo real
ISTM	Sem afirmar com certeza	It Seems To Me	Parece-me
JAM	Pedido/solicitação de espera	Just A Minute	Um minutinho! Espera um pouquinho!
JC	Quando se quer saber algo sem intrometer-se	Just Curious	Só por curiosidade / Só pra saber
JIC		Just In Case	Se precisar. No caso de precisar
JJ	Gracejando	Just Joking	To brincando!
JK	V. acima **HHOK** e suas variações	Just Kidding	Tô brincando!
JMO	Emite-se uma opinião (v. acima **IMO, IMHO,** etc.)	Just My Opinion	Simplesmente minha opinião
JMHO	*Idem* anterior, em tom de brincadeira	Just My Humble Opinion	Simplesmente minha humilde/modesta opinião

B) ABREVIAÇÕES/ ABREVIATURAS, ACRÔNIMOS E SIGLAS EM INGLÊS	EXPLICAÇÃO	INGLÊS	TRADUÇÃO EM PORTUGUÊS
K	Mesmo que OK!	OK	Ta bem!
KFY	Enviando beijos	Kiss For You	Beijo para vc
KMA	Internauta está "puto"	Kiss My Ass!	Vai tomar no c...
KOTL	- - -	Kiss On The Lips	Beijo nos lábios
LAH		Love And Hugs	Beijos e abraços
L8R	- - -	Later	Mais tarde
LJBF	Como a paquera na net é muito grande, essa expressão põe limite ao que se quer, sem muitas explicações	Let Just Be Friends	Vamos ser (simplesmente/apenas) amigos
LMK	Curiosidade sobre algo	Let Me Know	Me conta!
LO	Saudação	Hello!	Oi! Olá!
LOL	O usuário informa que está rindo, mas pode também querer dizer que faz uma brincadeira ou piada	Laughting Out Loud	Rindo muito
LU/lu	Declaração de amor	I Love You	Te amo!
Lyl	Idem acima	I Love You lots	Te amo muito!
LULAB	Manifestação de afeto	Love You Like A Brother	Eu te amo como a um irmão
LULAS	Idem acima	Love You Like A Sister	Eu te amo como a uma irmã

B) ABREVIAÇÕES/ ABREVIATURAS, ACRÔNIMOS E SIGLAS EM INGLÊS	EXPLICAÇÃO	INGLÊS	TRADUÇÃO EM PORTUGUÊS
MHO	Emite-se uma opinião (v. acima **IMO**, **IMHO**, **JMO**, etc.)	My Humble Opinion	Minha humilde/modesta opinião
MORF	---	Male Or Female?	Homem ou mulher?
Mrry Xmas	---	Merry Christmas	Feliz Natal
MOTAS	Como na net não se sabe realmente "quem é quem", os internautas fazem brincadeiras quando se apresentam	Member Of The Appropriate Sex	Sou do sexo que te convém!
MOTOS	*Idem* acima	Member Of The Opposite Sex	Membro do sexo oposto
MOTSS	*Idem, ibidem*	Member Of The Same Sex	Membro do mesmo sexo
MSG	---	Message	Mensagem
NIMQ	Algo que não faz parte da programação/lista do internauta	Not In My Queue	Isso não tá na minha lista ou não tá no meu programa (Tô fora!)
NP	---	No Problem	Sem problema!
NMP	---	Not My Problem	Não é meu problema. Não tenho nada com isso
NRN	Geralmente, na net, vem após uma pergunta embaraçosa. Na correspondência mais profissional, determina-se que não há necessidade de responder a mensagem	No Reply/Reponse Necessary	Não precisa dar resposta/retorno

B) ABREVIAÇÕES/ ABREVIATURAS, ACRÔNIMOS E SIGLAS EM INGLÊS	EXPLICAÇÃO	INGLÊS	TRADUÇÃO EM PORTUGUÊS
NT	---	No Thanks	Não, obrigado.
NVM	---	Never Mind	Deixa pra lá! Esquece!
O	Mudança de turno	Over	Sua vez! Pode falar/escrever
Oo	Encerrando o bate-papo por algum motivo (v. **BFN**)	Over and out	É isso daí. Tchau. (Preciso parar de teclar)
OIC	Quando se percebe do que se trata (v. **IC**)	Oh I see	Entendo! É claro!
OK	Concordância	OK!	Tá bem! De acordo!
OL	---	Old Lady	Esposa/Senhora idosa
OL/OLL	---	Online Love	Amor virtual
OM	---	Old Man	Marido/Senhor idoso
OMG	Surpresa/espanto	Oh My God	Oh, meu Deus
OOTB	Quando se tem algo recém-adquirido	Out Of The Box	Saído da caixa! Novinho em folha!
OT	Algo de que se discorda ou não se aceita	Off Topic	Fora de questão! Não falo sobre isso.
OTOH	A segunda face da mesma moeda	On The Other Hand	Por outro lado
P2P	Pessoas que possuem coisas afins	Peer-to-peer	Entre colegas/amigos/iguais/pares
PLS	---	Please	Por favor

B) ABREVIAÇÕES/ ABREVIATURAS, ACRÔNIMOS E SIGLAS EM INGLÊS	EXPLICAÇÃO	INGLÊS	TRADUÇÃO EM PORTUGUÊS
PJ	Conversa em que outro(s) participante(s) do *chat* pode(m) se sentir excluído(s) por não saber(em) qual o assunto discutido	Private Joke	Conversa particular
POV	---	Point Of View	Ponto de vista
PTMM	---	Please Tell Me More	Por favor, me fale/ diga/conte mais!
ROFL/ROFLOL/ ROTF/ ROTFL	Rir muito, exageradamente	Rolling On The Floor Laughing/ Rolling On The Floor Laughing Out Loud/ Rolling On The Floor/ Rolling On The Floor Laughing	Rolando (no chão) de tanto rir
RTFM	Quando se faz uma pergunta óbvia/cretina	Read The Fuck Manual	Leia o puto/a merda... do manual
S3M	Aviso de aumento do tom da voz o internauta, que não deve ser confundido com o uso de maiúsculas ou caixa alta que expressa algum sentimento (de raiva, de braveza, por exemplo)	Scream	Grito/Fala alta

B) ABREVIAÇÕES/ ABREVIATURAS, ACRÔNIMOS E SIGLAS EM INGLÊS	EXPLICAÇÃO	INGLÊS	TRADUÇÃO EM PORTUGUÊS
SBT	---	Sleeping, Bored, Tired	Dormindo, aborrecido, cansado
SOT	---	Short Of Time	Tenho pouco tempo
SOTMG	---	Short Of Time Must Go	Tenho pouco tempo e devo/ preciso sair
SRY	---	Sorry	Desculpa
TN	Elogiando	That's Nice	Isso é bom/legal/bonito
TIA	---	Thanks In Advance	Agradeço antecipadamente
TNX ou **Thnx** ou **tnks**	---	Thanks	Obrigado(a)
TRN	Notícia(s) em debate numa lista de discussão	Thread News	Notícia(s)
TTYL ou **TLK2UL8R**	---	Talk To You Later	Falo com você mais tarde; a gente se fala depois; até mais tarde
TY	---	Thank You	Obrigado(a)
TYM/TYVM	---	Thank You Much/ Thank You Very Much	Muito obrigado(a)
U	---	You	Vc
U2	---	You too	Vc também
UC	---	You See	Vc entende/ compreende? Tá claro?
UR	---	Your	Teu

B) ABREVIAÇÕES/ ABREVIATURAS, ACRÔNIMOS E SIGLAS EM INGLÊS	EXPLICAÇÃO	INGLÊS	TRADUÇÃO EM PORTUGUÊS
UW	Respondendo ao agradecimento	You're Welcome	De nada
VN	---	Very Nice	Ótimo! Legal!
W/	---	With	Com
W/o	---	Whitout	Sem
W?	Pergunta	What?	O quê?
W4W	Detalhando	Word for Word	Tintim por tintim
WAS	---	Wait A Second	Espere um segundo/ pouquinho
w-e	---	Weekend	Fim de semana
wk	---	Week	Semana
WRT	Polidez: mesmo na net, quando se envia uma mensagem profissional no final de um *e-mail*	With Respect To/ With Regard To	Com respeito/atenção.
WT?	Perguntas	What? Who? The?	O quê? Quem? O?
WTH	Expressão de espanto	What The Hell?	Que diabo! Que coisa!
WTG	Expressão de admiração	Way To Go!	Bravo! Legal!
WTGP	Quando se quer saber se o internauta quer conversar numa sala privada e não pública	Want To Go Private?	Quer ir à sala privada?
WU?	---	What's up?	Alguma novidade?

B) ABREVIAÇÕES/ ABREVIATURAS, ACRÔNIMOS E SIGLAS EM INGLÊS	EXPLICAÇÃO	INGLÊS	TRADUÇÃO EM PORTUGUÊS
WUF?	Saber origem	Where are You From?	De onde vc é?
X	---	Kiss	Beijo
XME	Desculpando-se	Excuse-me	Desculpe!
XOXO	---	Kiss/hug/Kiss/hug	Beijos e abraços
Y	Pergunta	Why?	Por quê?
Y/N	Pergunta	Yes or No?	Sim ou não?
YL	Ao se identificar numa sala de *chat*, mesmo que se minta	Young Lady	Garota
YM	*Idem* acima	Young Man	Rapaz
YOOL	---	Yoo're Out Of Luck	Que azar! Vc tá azarado! Vc tá sem sorte!
Yw	---	You're welcome	Bem-vindo!

Vc ker tc rpdo em fr!!!!

C) ABREVIAÇÕES/ ABREVIATURAS, ACRÔNIMOS E SIGLAS EM FRANCÊS	EXPLICAÇÃO	FRANCÊS	TRADUÇÃO EM PORTUGUÊS
A + ou @+ ou a + (à plus)	Despedida breve	À bientôt, à plus tard	Até mais, até mais tarde
A + + (à plus plus)	Duplicação do " +" pode ser interpretada como contato mais próximo no tempo	À très bientôt	Tchau
@ 2 M (à demain)	Despedida com próximo contato marcado (o dia seguinte)	À demain	Até amanhã
adj	---	Aujourd'hui	Hoje
ALP	O usuário fecha a sessão, despedindo-se, mas sem precisar quando voltará.	À La Prochaine	Até a próxima
AMA	Emite-se uma opinião	À Mon Avis	Segundo minha opinião
AMHA	*Idem* anterior, em tom de brincadeira	À Mon Humble Avis	Segundo minha humilde/modesta opinião
AMPSHA	*Idem, ibidem*	À Mon Pas Si Humble Avis	Segundo minha opinião não muito humilde/modesta
ASV ou AVS	Muito usado nos *chats*. O internauta pede informações de seu interlocutor. Trata-se de uma maneira muito direta de se conhecer, mesmo que se minta sobre si mesmo, o que é muito comum na internet	Âge, Sexe, Ville ou Âge, Ville, Sexe	Idade, sexo, cidade ou idade, cidade, sexo

C) ABREVIAÇÕES/ ABREVIATURAS, ACRÔNIMOS E SIGLAS EM FRANCÊS	EXPLICAÇÃO	FRANCÊS	TRADUÇÃO EM PORTUGUÊS
ATLM	Quando se entra num *chat* público e há vários chatistas	Alló Tout Le Monde	Olá todo mundo! Oi para todos!
BAP	Manifestação carinhosa	Bise Aux Petis	Beijo/beijinho nas crianças
BCP	---	Beaucoup	Muito
BJR (TLM)	Cumprimento	Bonjour (Tout Le Monde)	Bom dia (todo mundo)
BSR	Cumprimento	Bonsoir	Boa noite
C	---	C'est	É
CB	Maneira familiar de saber novidades	Ça Baigne?	Tudo bem? Tudo ok? Alguma novidade? Legal?
Chanj 2 suG	Maneira de advertir (ou até mesmo excuir do bate-papo) algum internauta inconveniente	Change de sujet	Muda de assunto
CT Bi 1 IR	Falar de algo agradável que aconteceu	C'était bien hier	Foi legal ontem
DSL	Quando se lamenta algo	Désolé	Que pena/ (Desolado)/desculpa
ENTK	---	En Tout Cas	Em todo caso
G	---	J'ai	Tenho
G + 1 (tune)	Informação sobre se (ainda) tem mais alguma coisa	J'ai plus une (tune)	Tenho mais (grana)
GcoutT 1 CD	---	J'écoute un CD	Escuto um CD
GF1	---	J'ai Faim!	Tenho fome! Tô com fome!
Gl'R 2 Ri 1	Internauta se descreve fisicamente	J'ai l'air de rien	Não pareço com nada

C) ABREVIAÇÕES/ ABREVIATURAS, ACRÔNIMOS E SIGLAS EM FRANCÊS	EXPLICAÇÃO	FRANCÊS	TRADUÇÃO EM PORTUGUÊS
G La N	Internauta descreve seu estado de espírito	J'ai La Haine	Tô com raiva
GT entr 1 2 penC a twa	---	J'étais en train de penser à toi	Estava pensando em vc
Je/G V TD	---	Je Vais T'Aider	Vou te ajudar
J'leSaV	Quando já se tinha conhecimento de algo	Je le Savais	Eu sabia
J'V RST	Permanência *on-line*	Je Vais Rester	Vou ficar/Vou estar...
J'V le Laisser	Saída da sala de bate-papo	Je Vais le Laisser	Vou deixá-lo/Vou sair
J X pas	Manifestação de alguma surpresa	Je Crois pas	Não acredito...
K ou Ke	---	Que	Que
K7	---	Cassette	Cassete
Kdo	---	Cadeau	Presente
Ken	---	Quand	Quando
Keske	---	Qu'est-ce que c'est?	O que que é? O que é?
Kestu di	---	Qu'est-ce que tu dis?	O que vc diz?
Ki	---	Qui	Quem
Koi ou Kwa	---	Quoi	O que
Koid9?	---	Quoi de neuf?	O que há de novo? Novidades?
KRS	---	Caresse	Carícia/Carinho
L	---	Elle	Ela
LS tomB	---	Laisse Tomber	Deixa pra lá!

C) ABREVIAÇÕES/ ABREVIATURAS, ACRÔNIMOS E SIGLAS EM FRANCÊS	EXPLICAÇÃO	FRANCÊS	TRADUÇÃO EM PORTUGUÊS
m/f	Internauta se informa sobre o sexo de quem entrou na sala de *chat*	Mâle ou femelle	Homem ou mulher
MDR	---	Mort De Rire	Morto de tanto rir
MDREPT	---	Mort De Rire Écroulé Par Terre	Rolando de tanto rir
MSG	---	Message	Mensagem
OQP	---	Occupé/e	Ocupado(a)
PCQ	---	Parce que	Porque
Put 1 kes tu fous	Usa-se se o internauta demora a responder ou se atrasa para entrar na net quando de um encontro combinado. No celular, se não se responde logo à chamada.	Putain qu'est-ce que tu fous?	Porra/Merda, cara, o que te acontece? O que que há/ houve? O que se passa?
PV	Pedido de uma conversa privada/particular no *chat* ou no *e-forum*	Privé	Particular/Privado
PVI	De certa maneira, chamando a atenção	Pour Votre Information	Para sua informação! Pra seu governo!
QDMM	---	Quand Même	Mesmo assim
QQC	---	QuelQue Chose	Alguma coisa
RapL mwa	Pedido	Rapelle-Moi	Me ligue (de novo)!
RV	---	Rendez-Vous	Encontro
RV 2M1	---	Rendez-Vous Demain	Encontro (marcado) amanhã
As t' 1 TRS	---	Ça t'interesse?	Isso te interessa?

C) ABREVIAÇÕES/ ABREVIATURAS, ACRÔNIMOS E SIGLAS EM FRANCÊS	EXPLICAÇÃO	FRANCÊS	TRADUÇÃO EM PORTUGUÊS
Ske tu vi 1	---	Est-ce que tu viens?	Vc vem?
TK	---	En tous cas	Em todo caso
TKI	---	Tu es Qui	Quem vc é?
TLM	---	Tout Le Monde	Todo mundo
SLT	Saudação	Salut	Olá! Oi!
STP	---	S'il Te Plaît	Por favor (informal)
SVP	---	S'il Vous Plaît	Por favor (formal)
T la + BL	elogio	T'es la plus Belle	Vc é a mais bonita
T Naz	Crítica a alguém por ter sido bobo de fazer ou não algo	T'es Naze	Vc é "louco/bobo"
T ou	---	T'es où?	Onde vc tá?
T PA f'Hé	---	T'es pas faché?	Tá chateado?
TV 1	---	Tu Viens?	Vc vem?
TVB	---	Tu Vas Bien?	Tudo bem?
V	---	Vais	Vou
VTFF	Xingar	Va Te Faire Foutre!	Vai te foder!
VTFFC	*Idem* acima	Va Te Faire Foutre, Connard!	Vai te foder, canalha!

Vc ker tc rpdo em spnol!!!!

D) ABREVIAÇÕES/ABREVIATURAS, ACRÔNIMOS E SIGLAS EM ESPANHOL	EXPLICAÇÃO	ESPANHOL	TRADUÇÃO EM PORTUGUÊS
ASC	---	Al Salir de la Clase	Ao sair da aula
aunq	---	Aunque	Então
Bss	---	Besos	Beijos
crvza	---	Cerveza	Cerveja
HL	Despedida	Hasta Luego	Até logo/Tchau
kf	---	Café	Café
klk	---	Colega	Colega
krño	---	Cariño	Carinho
l snto	---	Lo siento	Desculpa
LAP	---	Lo Antes Possible	O quanto antes
MK?	---	Me quieres?	Vc me quer?
mmo	---	Mismo	Mesmo
mnsj	---	Mensaje	Mensagem
NPH	Escondendo algo	No Puedo Hablar	Não posso falar
NT1D	Negando, p. ex., um convite	No Tengo 1 Duro	Não tenho um centavo. Tô duro!
NV	---	Nos Vemos	Nos vemos
pqño	---	Pequeno	Pequeno
pso	---	Paso	Passo

D) ABREVIAÇÕES/ ABREVIATURAS, ACRÔNIMOS E SIGLAS EM ESPANHOL	EXPLICAÇÃO	ESPANHOL	TRADUÇÃO EM PORTUGUÊS
spro	---	Espero	Espero
Srt!	Desejando que algo aconteça de bom	Sorte!	Sorte!
sty	---	Estoy	Estou
TKI	Quando precisa parar de teclar	Tiengo Que Irme	Tenho que ir/sair
tng	---	Tengo	Tenho
trdcir	---	Traducir	Traduzir
vac	---	Vacaciones	Férias
xo	---	Pero	Mas
xp	---	Porque	Porque
XX	Internauta informa o sexo na sala de *chat*	Xica	Garota
XY	*Idem*	Xico	Rapaz

Guia de *emoticons/smileys*

Guia[1] **de** *emoticons/smileys* – ao lado das palavras, os *emoticons* (emoticões) são utilizados para transmitir o estado de espírito (emoções) dos interlocutores na internet com caracteres disponíveis no teclado. Os *smileys* representam um rosto com o qual se pode fazer sorrir, chorar ou fingir algum sentimento segundo a vontade e o estado de espírito do usuário. Os teclados dos computadores e celulares dispõem de caracteres básicos, que combinados representam vários tipos de emoções. Os ":" (dois pontos) representam os olhos; o "-" (hífen) substitui o nariz e o ")" (parêntese) simula a boca.

---

[1] Guia "baixado" de <http://lidiabel.tripod.com/emotic.html>, em 10/11/2008 e adaptado. Também acrescido de outros símbolos retirados de DEJOND (2002, p. 128-131).

1. abs, bjs e + krícias

:-)@(-: abraço	;O)(; abraço	[] abraço	[]'s abraços
(((A))) abraço grande	(((nome))) abraço grande personalizado (nome da outra pessoa)	>---(^_^)---< abraço grande	{ * } beijo e abraço
:-) ~~ (-: beijar muuuiiito (sofregamente)	* beijo	:-# beijo	:-* beijo
;) ~~ (: beijo de língua	:-X beijo grande (caloroso e apaixonado)	)(beijo íntimo na boca	:-**:- beijo na boca
:-)%(:- beijo no rosto	:-x beijinho	xxx Beijinhos	:* ou }xx beijos
*** nome *** beijos (personalizado: nome da outra pessoa)	)))((([] beijos íntimos c/ abraço apertado	:****** mil beijos	:*** três beijos
:opqo: dois amantes num ciberbeijo	I-<> face a ser beijada	:-) X (-: aperto de mão.	ll*) aceita aperto de mão
II *(oferece aperto de mão	3: o[carícias	< 3 carinho, afeto	etc.

2. açoins e subtrfúgios/ardis

|-I ou (- I ou II adormecido	(*_*) amando	: -" assobiando	: -) ~~~~ babando
:-) ... babando	:-" ou :-7 beicinho	( )) + (bebendo vinho	: - # boca fechada (guardar segredo)
|-O bocejando	:x calado	(^o^) cantar alegremente	:-]~ careta
(:- y careta	-# censurado!	: - * comer algo azedo (ou jogar um beijo)	#-) curtir a noite toda
; -y dizer algo com um sorriso malandro	|-) dormindo	|| dormindo	(-,-)ZZZ dormindo
ZZZzzzz dormindo	(-__-)zzzz dormindo (aborrecido)		^o ou 3-O dormindo, até roncando	: -v falando

^) ^ ^ (^ duas pessoas falando	: - 6 falando ao telefone	: - 8 falando ao celular	:-@ falando verdade
(O_o) fazendo uma revelação	}-{ ficar frente a frente	:-! fumando	:)~~ fumando
<XXXXXX####### fumando baseado	:-? fumar cachimbo	@ | @ gastar muito, muito tempo na net	:-@ gritando
: -V ou : - () gritando/vociferando	m(_)m humilde-mente, curvando-se, para agradecer ou se desculpar	(?_?) interrogando	:-9 lambendo os beiços
:-P mostrar a língua	\(O_O)/ observando	(*!*) observando	(*...*) observando
(..)(..) olhando à volta	-[-_-]- ouvindo música	* O (.........) pensando	;) piscando o olho
|-O ressonar durante o sono	(;_;)/~~ sair e despe-dir-se c/lágrimas nos olhos	] [separando-se	*^o^* ser excitante
^^; suando frio	&-I (algo está) suspenso	#-Z ou %-\ ter ressaca depois da festa (de ressaca)	%-/ trabalhar (tra-balhei) a noite toda

3. alimntos, bbidas & cia

\~/ bebida	_/> _/> café para dois?	@ (_) ~~~~ café quente	\ /> o oo o chá ou café c/ pedras de açúcar
_/? _/? Chá?	]-| champanhe	(___) > xícara, chávena	|_| } xícara de café ou outro líquido
e(__) xícara média	e(_) xícara pequena	|__| copo	_/ copo de água ou de qq bebida
(~)3 copo de cerveja	_}] copo de cerveja	(~~)3 copo grande de cerveja	)-| copo de vinho
(XO | |) *hamburger* duplo c alface e tomate	>-| martini	O> sorvete	:-! de boca cheia

4. dtalhes físiks

(%_%) acne	C: -) alto	:-# aparelho nos dentes	(-y-) barba
:-) } barbicha	: -) = barbicha	:-)> barbudo	(:-{~ barbudo
/:-) barrete	:- {} de batom	:-# bigode	:-{) ou :-{] bigode
:^{ }> bigodudo e barbudo	:-) 8 biquíni	d:-) boné	& : -) bonitão
5:-) cabeleira à Elvis	}}}}}}:-) cabelo comprido	= :-) cabelo comprido	Є Є :-) cabelos crespos
3:-) cabelo encaracolado	&:-) cabelo enrolado, encaracolado	K:-) cabelo mal tratado	@:-) abelo ondulado
{:-) cabelos repartidos ao meio	(:- canhoto	(:-) careca	* (:]] muito careca
:-P de boné, mostrando a língua	:- (=) dentes grandes	X-) estrábico	:-) == forte
:-)>/////> gravata	:-)*== de gravata	:-)X gravata borboleta	:-{ lábios grossos
:-) - - magro	#:-) mal penteado (despenteado)	(:>) $$$$$$$$$$ milionário	@{@ míope
(^-^) muito míope	:-) < mulher desmazelada	((Y)) mulher gorda	(((Y))) mulher muito gorda
:^) narigudo/a	:c) nariz achatado	H=D negro	:-))) ou :))) obeso/muito gordo
() - () - \ óculos	= 0-0 = óculos	= o-o = óculos	= 0^0 = óculos
8-) usa óculos (feliz)	8-(usa óculos (infeliz)	?-) olho roxo	(o.o) olhos arregalados
? – (olhos negros	@@@ :-) penteado alto	\ : -) penteado com gel	{ : -) peruca
=:-) punk	-:-) punk rocker	-:-(real punk rockers don't smile	$$$$$ rico
:$) # % riquíssimo	l: -) sobrancelhas de taturana	@: -) turbante	etc.

5. dtalhes psclógkos

0:-) anjinho, santinho	**<\$_\$>** ambicioso, ganancioso	**(op)** aristocrata	**<;)** cara de manha (manhoso)
:/ cético	**<:-I** cretino	**>:->** diabólico	**; -)** **o===8** fanfarrão
\$-) ganancioso, ambicioso	**C:-)** gênio	**:-I** Hmmmm (cético)	**(?:?)** indeciso
:-// indeciso	**:I** indiferente	**:-:** instável	**!: -)** imaginativo
; -> lascivo	**%)** maluco/doido/ tonto	**:-C** mau(zinho)	**:-----)** mentiroso
:---------------) muito mentiroso	**:-IIII** nervoso	**>: [[** nervoso	**:[** pessimista
|:-| (muito) rígido/ rigoroso	**:->** sarcástico	**x-)** tímido, vergonhoso	**: - (\$)** vingativo

6. intrjeiçoins, kmntários & msgs

8-O (*oh, my God!*) oh, meu Deus!	**#:-0** oh nãããããooo	**:^D** (*Great! Like it!*) Ótimo! Assim!	**:- O** *Wow!*
\ o / Aleluia!	**~~:- (** amor net!!	**\$ - (** boa ocasião/ oportunidade	**I -=<***i** cuidado! Cautela!
Q|> (corno!	**opa!** de acordo	**: - | : - |** *déjà vu*/ comum/correiqueiro	*** :-)** Eureka!
oo faróis acessos	**@:|** gênio!	**:- V** grito	**:- |** Hmmm
:-/ isso não é nada engraçado!	**(O→** mentira! (dia das mentiras)	**:-S** msg incoerente	**:-C** msg incrível
(:-... msg de partir o coração	**(O-L** msg suspeita	**O-Z-<** muito apressado	**S-)** muito caro!
:- (# \$ % não entendi	**|(-_-)|** não entendo nada	***:*** não está claro isso	**(:: () ::)** oferece ajuda
^o^;> perdoe-me!	**:-)** perguntas bobas	**{ }** sem comentários	**@%\$%&** sem comentários
:-O silêncio! quieto!	**...---...** S.O.S	**:-@** socorro!	**(o) (o)** surpresa!
:-o surpresa (msg chocante)	**(@ @)** tá brincando!	**: - '** **&nb** transferên- cia interrompida	**(.)(.)** tô de olho!

7. km vc eh? h/m? id?

d: p adolescente	oO:-)& avó	~ô?ô~ avó	~:O ou ~:@ bebê
[{- -}] ZZZzz zz z... bebê dormindo	)-: :- (casado	~: criança	)-::- (divorciado
*:- } : 8 - gay homem	[:-) :* gay mulher	{ 8 : | | transexual	*:- } 8 8- travesti
: -) (-: gêmeos	(- :|: -) gêmeos siameses	>- gênero feminino	:- gênero masculino
:- 8( )- grávida	- 8 --- ou ;- homem	/ | / : / \ mãe	:-) -8< menina crescida
8:-) menina nova	>-' ou (O) mulher	O+ mulher	:-)&> neta
O : O moça te observando	-[:) rapazinho	) (separado/a(s)	:-) > solteiro
: / i não fumante	:-? viciado em cachimbo	: - Q viciado em cigarro (fumante)	* -) viciado em droga (drogado)

8. natureza, sports, férias, hbbies & cia

~Y~ ^Y^ 'Y' árvores	(| = =| > automóvel	-<=+ avião	/\ ^ V ^ V ^ campismo e caminhada na serra
** esportes na neve	= = # = = estrada de ferro	: - ~) frio	|-(madrugada
~~ mar	_/^V^_ montanhas	_/\o_ nadar	** neve, inverno
.~~.~~.~~ ondas	_" _" _" _" _" _ ondas	/)/)/)/)/)/)/) ondas	_ | / _ pôr do sol
~~c____ praia	,---'---'---'---=@=== vara de pesca	4x4 veículo c/ tração	*-) viajando

9. objtos & anmais: vsualzaçaum

a) objtos

[#] computador	=)--- espada	O===| =====> espada	==) --------- espada
xxx----> flecha	=\ \ \ \ \ \ (======- florete de esgrima	=)) ___) > lápis	( )~~~ mouse

| [:] *robot* | \| \| \| \| \| teclado | >[] tv | **8x** tesoura |
| ~=== [ ] vela | [: -) *walkman* | **etc.** | **etc.** |

b)Animais

^**0**^ aranha	} | { borboleta	<:- burro	:3-< cão
3 :] cão bravo: cuidado	@/ caracol	><**>< caranguejo	;=;=;=;=;=;=;=O~ centopeia
= : **x** coelhinho	==:< coelho	(-) coruja	<*,^^, -- dragão
—' ' ' ' ' ' ' — formigas	=;**7**) ~~ < frango	**8**^ galo	,,,^..^,,, gato
: -) === girafa	; **8**] gorila	**8**- = hamster	^^^^Û^^Û^=___ lagarto
:- | macaco	/^(**o.**)^\ morcego	:-) orangotango	{:V pato
< ')))) >< peixe	:V pica-pau	**3:** [*pitbull*	(^. .^) porco
8) rã	:<**3**)~~ rato (-inho)	**8p** sapo c/ língua de fora	~~~~**8** } serpente
} : - (touro	; **o**) ursinho	**3** : **-o** vaca	.,*~'~*,.,*~'~*,..@ verme

10. país ou nacionaldde: dd vc tc?

[====] Alemanha, Espanha, Luxemburgo, Países Baixos	>[:^] ameríndio	_(:-| ameríndio	!:-| apache
>< : >== austríaco	[<O>] Brasil	[|*|] Canadá	[*] China
<^ ^> chinês	[- + ---] Dinamarca, Finlândia, Islândia, Noruega, Suécia	[><] Escócia	[| |] França, Irlanda, Itália
/:-) francês	*. | ... Índia	*. | / indiano	[-- + --] Inglaterra
=| :-) inglês (homem)	[**o**] Japão	[: ~~~~> **o** ##### judeu lendo o Torá	[: ~~~~> ##### judeu sorrindo
[>====] Kuwait	*) : || muçulmana	*) :-) muçulmano	[-----] Polônia
| |**O**| | Portugal	':*) _\\ português	[| + |] Quebec	[->|<-] Reino Unido
[>----] Rep. Checa	[+] Suíça	[((*)] Tunísia	[*] Vietname

11. prsonaliddes, avatares, mitos, heróis: vc ker jgar/brinkr?

+,")"+,"+,"+, abracadabra	*<|<|<|= árvore de Natal	]B-) *Batman*	@:-(}}}}} Bin Laden
<>: -) Bispo	*|:^)(...) Boneco de neve	*<:O) Bozo (o palhaço)	:+) Canibal
= | : =)Charlie Chaplin	O-) Ciclope	=:O{= d'Artagnan	]:-> Diabo
)X -> Diabo	:-[x> Drácula	(<> .. <>) E.T.	?8-o Elton John
5:-) Elvis Presley	(: (Fantasma	8 : -) Feiticeira	EK(Frankenstein
{ Hitchcock	/ . # (Hitler	%-) Homem Elefante	(_8(|) Homer Simpson
/ / /O-O\\\ John Lennon	+<||-) Lancelot	[O] *Macho man*	:-,) Madonna
>*: -) Mágico	O-) Marciano	@@@@ :-) Marge Simpson	(: -) >+ Monge
8-# Morte	]:-) Mr. Spock	(Z (:^) X Napoleão	+ (:-) Padre
+ (: -| Padre ortodoxo	*<(:0}) Papai Noel	*>):o) Palhaço	+-(:-) Papa
%_^ Picasso	: ---) Pinóquio	oX) Pirata	; -p Popeye
8(:-) Rato Mickey	] :} =]]] > Rei Artur	3:*> Rena do Papai Noel	(|-| F Robocop
: -) *** Santa Claus	(:-) 8 > < Sereia	= [8] -O *Spaceman*	-(:) (o)=8 *Teletubby*
(:) t Terrorista	\~^~/ Tim Tim	=|:-)== Tio Sam	(o|o) *Ultraman*
:-[Vampiro	8:-) *Wizard*	etc.	etc.

12. profissaum: q vc faz?

(B^| agente secreto	_(D) astronauta	(O) -<< astronauta	:-% banqueiro
+<#^v cavaleiro	C= :-) chefe de cozinha	Q=:-) chefe graduado	:: (:-) cosmonauta
C) :-) *cow-boy*	C| : -) *cow-boy*	i -) detetive	= | : -)X diplomata

[+ : -) enfermeiro(a)	{ | : -) escoteiro	O { : -) esquiador	<: | - |) < estudante de física
(D : -] general	~(. - | general ou marechal	(: | intelectual	(| : -# jogador de futebol americano
= : - H jogador de futebol	(##] jogador de hóquei	(# - [marinheiro	+:-) médico(a)
O) mergulhador	*(: -| oficial militar	E-:-) operador de rádio	: - O orador
V (8 - | piloto da Força Aérea	MP (: - [polícia militar	8- {) professor	:?) prof. de filosofia
E=mc2 prof. de física	C:\> prof. de informática	@-D psicólogo	L:-) recém-licenciado
: -) J surfista	3: -) toureiro	== : % (== trabalhador de estrada de ferro	C) : _| * xerife

13. skso & cia[1]

|-----------/| cama	|~~~~~~~/| cama c/ edredom	{ : -}b 8 x cinto de castidade	;-) === 8 circuncidado
8 / / = /\ - ' duas pessoas fazendo sexo	(-)) === D ~~ ejaculação masculina	:-) -: em ereção	=: eunuco
C ====: falo/pênis XXL	c = falo, pênis	[ ] ===== D falo, pênis	:-) :-... fazendo sexo
B-o fetichista	$:-) : 8 - gigolô	:- (:- Impotente (ou mole)	(: /] > 8- masoquista
:-) -^-: masturbando-se	(: -) ? mudou de sexo	::::::::::::> preservativo	$:-] 8 * prostituta
$: -) B > prostituta	$: -) : 8 - prostituto	:-< sádico(a)	8 / / = / \ - sexo
: -) === 8 sexo oral	(8 –(: - 8 violador	etc.	etc.

---

[1] v. "Rabos/bundas" - (_\|_) - (*ASS* + *EMOTICONS* = *ASSICONS*) e "Seios/mamilos" - (.) (.) - *TITS* + *EMOTICONS* = *TTICONS* e *BOOBIES* + *EMOTICONS* = *BOOBIECONS* *in* http://www.netlingo.com/

14. sors, rs e grgalhadas d vrias clturas e d+ stados d spírto

") sorriso	:]]] sorriso	[˸] sorriso	['_'] sorriso
(:) >~~ sorriso	('v') sorriso	\ 'v' / sorriso	^_ ^ sorriso
) sorriso	-) sorriso	<~_~> sorriso	[^_^] sorriso
I – D ho ho ho	:) pequeno sorriso, estou feliz	:-) sorriso - alegria	:-( )=( ) sorriso aberto
(^ _ ^) sorriso asiático	\(^_^)/ sorriso bonzai	<^_^> sorriso chinês	<-.-> sorriso c/ sono
;) sorriso cúmplice	(- _ -) sorriso discreto	*^_^* sorriso esperto	:-: sorriso invisível
:))) sorriso bem feliz	-)))) sorriso largo, de grande felicidade	;)> sorriso malicioso	:> sorriso sarcástico
:-7 sorriso torto	^* ^* retribuir sorriso	^ F ^ ou ^ (^ feliz	^ L ^ muito feliz
: D rir	@@) vontade de rir ("você está brincando"!)	: -D ou (^O^) risada, rindo muito	- DDD ou :-) :-) :-) rindo demais, gargalhando ruidosamente
:-)))) rir às gargalhadas	:'-D ou :,-D chorando de tanto rir	(^_^)/~~ rindo e dando tchau com um lenço	(^_^;) rir contendo o nervosismo
:-)) muito alegre	(hmmm)Ooo ..:-) pensamentos felizes	:'-~) chorar de alegria	:,-) ou :'-) chorando de felicidade
&-) apaixonante!	{{{***}}} terno e beijoqueiro	;-) ou ' -) piscadinha, sarcasmo ou brincadeira	<3 flerte
>:-> malícia (muito usado quando se está flertando)	) :-) malicioso	:^D amo!	8-] amor!
:*(choro	:'(buaaa/chorando	:"(chorando mto	:'"-(chorando copiosamente
/ ~~ ; . ; ~~ \ chorar como um chafariz	:-c infeliz	:~(~ ~ muito infeliz	:-... de coração partido
:(triste	:-(triste/chateado ou c/ raiva	%-{ variação de triste ou humor instável	;,-(estou muito triste, chorando

(:-(estou muito triste	:{{{{{ muito triste	-(triste e frustrado	(:- descontente; fazendo careta
:-/ aborrecido	: - * amargo	: -6 azedo	: - [fazendo beicinho
:o admirado	:-0 ou &-I atônito, surpreso, boquiaberto	(:+(assustado - aterrorizado	* :-o alarmado
>:-(ou :-|| bravo	:-/ cético, em dúvida	% -) ou OO- confuso	:-/ chateado, aborre- cido c/ algo dito; inde- cisão ou dúvida
:-t decepcionado	:-e desapontado	:]] desiludido	<:((com) dó
:") embaraçado, em dificuldade	(: - < ou (: - (espantado, perplexo	= :-o estarrecido, de cabelos em pé	(>_<) furioso
:-@ gritando	: -V ou : - () gritando/vociferando	>-< lívido	%-6 louco
>:-< ou >:-<< louco, louco de raiva, furioso	(:-... magoado	(hmmm)Ooo .. :- (pensamentos tristes	-/- perturbado
%-<-> saturado, cheio	'-(transtornado	<(-I triste e perturbado	:- II zangado

15. stados d saúde e d+ kõdiçoins

#) bêbado	:*) bêbado (sendo incoerente)	%-<-> "bebum"	% *} muito bêbado
}: - (chifrado	.:*) constipado(a)	:* constipado(a)	: -) ... : -) ... : -) ... depressivo
(: - $ doente	:-(*) dor de amor	%*:-(dor de cabeça	%@:-(dor de cabeça
% - 6 em coma	: - (O enforcado	:-s enjoado	;^ esmurrado
% +(espancado	._ / espremido	*!#*!^*&: -) esquizofrênico	: -6 gosto azedo na boca
:-~) gripado	: - 5 laringite	% -6 morte cerebral	X) morto
* | -0 morto de cansaço e continua trabalhando	: -*) resfriado	:-OWWW vomitando	

Pequeno vocabulário cibernautês/ internautês e internetês[1]

@ "arroba", "at": significa "em" na internet, designando o endereço do provedor (v. Endereço Eletrônico). O sinal @ foi usado pelos copistas com o sentido de *ad* (direção, começo de ação) do latim. Com o advento da imprensa, o sinal continuou sendo usado nos livros de contabilidade, separando as unidades de qualquer mercadoria do preço da mesma. O termo não foi bem compreendido e teve seu significado estendido, valendo como unidade de peso (uma arroba). O ícone sobreviveu nos teclados das máquinas de escrever e dos computadores. Em 1971, Ray Tomlinson consolidou o uso do sinal @ no endereço eletrônico, com a função de separar

---

[1] As definições dos verbetes, abreviações/abreviaturas, acrônimos e siglas deste pequeno vocabulário foram retiradas (traduzidas, quando necessárias), com modificações, de <http://tecnologia.uol.com.br> (2005, 2006 e 2008), http://www.netlingo.com/ (2007, 2008 e 2009) e também de COSTA (2006c, p. 83-94 e 2008), DEJOND (2002, p. 128-131) e BENEDITO (2003, p. 219-264).

o nome do usuário do provedor. É interessante destacar os apelidos dados pelos povos ao @ por causa de sua semelhança com certos animais e/ou partes do corpo (rabo, orelha), objetos ou até doces. Por exemplo, na Alemanha é chamado de "macaco aranha" e na África do Sul de "rabo de macaco", como também em vários outros países. Na Suécia ou na Irlanda, chamam-no "rabo de gato". Na Polônia, "gatinho" ou "orelha de porco", enquanto, na Turquia, apenas "orelha". Na Hungria, é conhecido como "minhoca". Em hebreu, é "strudel", famoso doce de maçã vienense. Na Grécia, é chamado de "patinho" e, em Mandarim, dialeto oficial da China, de "signo do rato".

.com (*dot com*): abreviatura que indica o tipo de organização à qual pertence o endereço eletrônico (v.), no caso, comercial. Pode ser também **.gov** (governamental) e **.org** (organizacional).

ABREVIAÇÃO ou ABREVIATURA: representações de uma palavra ou expressão com menos letras ou diacríticos do que sua forma gráfica normal (v. exemplos, neste *Minidicionário*, na lista de abreviações/ abreviaturas, siglas e acrônimos do português, do inglês, do francês ou do espanhol, que podem ser encontrados em *e-mails, blogs, chats,* SMS, etc.). O objetivo das "abreviações/abreviaturas" é dizer um máximo de coisas em um mínimo de espaço e de tempo.

ACROMANÍACO: "viciado" em inventar ou usar – brincar de criar – acrônimos (v) em palavras ou expressões referentes à internet.

ACRÔNIMO (v. ABREVIAÇÃO ou ABREVIATURA e SIGLA): sigla (v.) formada por letras iniciais de vários vocábulos que se pronunciam de forma contínua como se faz com as palavras (Unincor, Unicamp, UNESCO, etc.).

ADRESS (ADR): v. endereço eletrônico.

ADRESS BOOK: v. agenda.

AFILIAÇÃO: inscrição e admissão como membro ou sócio de um grupo de discussão (v), comunidade (v.) virtual, programa, etc. de internet.

AGENDA: v. "Gêneros textuais do discurso eletrônico-digital" neste *Minidicionário*.

ALIAS: significa, em inglês, nome falso, cognome. Trata-se de um apelido/*nickname* (v.) ou endereço eletrônico (v.) alternativo de um usuário, grupo ou máquina na internet.

AMBIENTE: equipamento e sistema operativo em que se executam as aplicações: MS-DOS, Windows, Linux... Nos ambientes gráficos (web, *e-mail*, MUD, *chat*, etc.), produzem-se e processam-se textos e podem surgir aí novos gêneros textuais.

AMIGOSFERA: amigos na blogosfera (v).

AMORNET: alma gêmea virtual, não necessariamente com compromisso amoroso, que se identifica com outro(a) internauta num programa de comunicação de internet. Há expressões semelhantes, como "Amizade virtual" ou "Amor" ("Atração virtual"), que se referem aos relacionamentos de amizade ou de amor, muitas vezes, efêmeros, entre internautas e que são feitos pela chamada "aproximação virtual", que pode ser um contato ou uma sedução através da internet. Às vezes, a "sedução virtual" pode se transformar num "assédio virtual", problema tão sério quanto o "assédio real".

ANEXO: v. *ATTACHMENT*, ARQUIVO ATACHADO.

ANONIMATO (v. ANONIMIDADE, ANÔNIMO): condição ou possibilidade de o usuário navegar na internet sem ser identificado, usando apelidos/*nicknames* (v.) pelos quais o usuário oculta-se, esconde seu nome verdadeiro, mantendo-se anônimo (v.), principalmente quando tecla em *salas de bate-papo abertas*.

ANONIMIDADE (v. ANONIMATO, ANÔNIMO): desejo de o internauta se passar por anônimo (v.) entre os usuários, usando um apelido (v.), mudando-o quantas vezes quiser. Pode até mesmo usar o termo *anônimo* (v.) como apelido, o qual vem, em certos *chats*, precedido de um número que indica a ordem de entrada do chatista/chatiano (v.) na sala de bate-papo.

ANÔNIMO: internauta sem apelido/*nickname* (v.), o que lhe permite não deixar rastro digital.

ANÚNCIO (v. BÂNER, *BANNER*, E-ANÚNCIO): v. "Gêneros textuais do discurso eletrônico-digital" neste *Minidicionário*.

APELIDO (v. *NICK, NICKNAME, USERNAME*): nomes-fantasia, ligados a um amplo leque de temas ou coisas/objetos (sexo, mitologia, flora, fauna...) pelos quais o usuário oculta-se, esconde seu nome verdadeiro, mantendo-se anônimo (v.), principalmente quando tecla em *salas de bate-papo abertas*. (v. também ASSINATURA, tipo "c". V. "Gêneros textuais do discurso eletrônico-digital" neste *Minidicionário* para mais detalhes e exemplos).

ARQUIVO ATACHADO: v. ANEXO, *ATTACHMENT*.

ART (v. ASCII): sigla em inglês de *Assisted Reproductive Techonology*, trata-se de programas de imagem de "arte ASCII", a partir do uso de caracteres do teclado. São desenhos produzidos apenas com os caracteres da tabela ASCII, que servem para ilustrar mensagens.

ASCII (v. *ART*): sigla em inglês de *American Standard Code for Information Interchange*. Trata-se de um código americano para troca de informações.

ASSICONS (v. *BOOBIECONS, EMOTICONS, SMILEYS, TITICONS*): uso engraçado, bem humorado dos *emoticons* (v.) ou *smileys* (v.), os *assicons*, assim como os *titicons* (v.) e *boobiecons* (v.), ["Seios/ mamilos" – (.) (.) – *TITS + EMOTICONS = TITICONS* e *BOOBIES + EMOTICONS = BOOBIECONS*], forma de ASCII ART (v.), se referem a partes do corpo, no caso bunda/rabo: (_|_) – (*ASS + EMOTICONS = ASSICONS*).

Diferentemente dos *smileys* tradicionais, não se precisa virar a cabeça para percebê-los.

Alguns exemplos:

(___|___) b. gorda	(___x___) b. com gases	(_E=mc2_) b. inteligente	(__[]__) cdf = c... de ferro
(*) (*) seios "farol alto"	\o/ \o/ seios da avó	(.) (.) seios grandes	(') (') seios excitados
(O) (O) mamilos grandes	(o)(o) seios perfeitos	(Q)(Q) seios com *piercings*	x x "tábua" (sem nada de seio)

(v. "Guia de *emoticons*/*smileys*" neste *Minidicionário*).

ASSINATURA (v. APELIDO, *NICK, NICKNAME*): existem três definições para o termo assinatura na internet:

a) Um arquivo (tipicamente de três ou quatro linhas) inserido no fim das mensagens de correio eletrônico para informar nome, endereço, telefone; em alguns casos, encontram-se citações e desenhos feitos pelo remetente com caracteres conhecidos como arte ASCII.

b) (Fazer uma assinatura) Entrar em uma lista de distribuição ou *newsgroup*.

c) Contrato realizado com um provedor de acesso ou serviço. Ao fazer uma assinatura junto a um provedor, o usuário recebe um nome pelo qual será identificado na rede (chamado de nome de usuário ou apelido) e uma senha para garantir a segurança do acesso (v. "Gêneros textuais do discurso eletrônico-digital" neste *Minidicionário* para mais detalhes e exemplos).

ATTACHMENT (v. ANEXO, "ARQUIVO ATACHADO"): arquivo anexado a uma mensagem de *e-mail*. Os programas de correio eletrônico permitem que qualquer arquivo seja enviado junto com a mensagem. Ao chegar ao destinatário, o arquivo anexo pode ser copiado para o computador ou impresso.

AVATAR: mesmo que avatara. Palavra que vem do sânscrito e significa, segundo a teogonia bramânica, encarnação divina. Na internet, trata-se de uma imagem selecionada para representar de forma imaginativa uma pessoa num *chat* 3D. Exige a utilização de um *plugin* VRML (*virtual reality modeling language* = linguagem de modelação da realidade virtual, isto é, linguagem que possibilita a criação de ambientes tridimensionais interativos).

BAILE DE MÁSCARAS (v. MÁSCARA e MÁSCARA VIRTUAL): expressão que se refere a pessoas que usam identidades diferentes (apelido, *nickname* ou *nick* - v.) na internet para, intencionalmente, se esconder do seus interlocutores ou que escolhem um apelido (v.) diferente para cada pessoa de seu relacionamento virtual.

BÂNER (v. ANÚNCIO, *BANNER*, E-ANÚNCIO): v. "Gêneros textuais do discurso eletrônico-digital" neste *Minidicionário*.

BANNER: (v. ANÚNCIO, BÂNER, E-ANÚNCIO): v. "Gêneros textuais do discurso eletrônico-digital" neste *Minidicionário*.

BATE-PAPO VIRTUAL (v. *CHAT*): v. "Gêneros textuais do discurso eletrônico-digital" neste *Minidicionário*.

BBS (*Bulletin Board System*): um BBS pode ser definido como um sistema de reunião de usuários, que oferece serviços de discussão, troca de arquivos, correio eletrônico, *chat*, jogos e troca de informações.

BIG BROTHER: George Orwell já previra em seu livro "1984" o controle das pessoas, a distorção dos fatos e a fabricação de informações que seriam construídas pelas novas tecnologias e pela internet. Assim como o personagem "Grande Irmão" e seu partido vigiavam tudo e todos e simbolizavam o fim das liberdades individuais numa ditadura fabricada em que o interesse de uma minoria prevalecia, as novas tecnologias dominam o mundo atual quase que "vigiando" e "manipulando" tudo e todos, fazendo o homem perder o senso crítico e sua liberdade. A "casa" do programa BBB (Big Brother Brasil) de uma rede de TV brasileira é um exemplo do que seria viver num mundo vigiado por câmeras. Aliás, "Sorria, você está sendo filmado".

BLOG (v. BLOGUE, DIÁRIO DIGITAL, *FOTOBLOG*, *WEBLOG*): v. "Gêneros textuais do discurso eletrônico-digital" neste *Minidicionário*.

BLOG- a partir do radical blog-, muitos neologismos, simples ou compostos, surgiram. A maioria deles com significado claro como blogar (escrever em *blogs*), ou blogueiro/bloguista/blogador (aquele que escreve um ou num *blog*), blogodependente, blogomania, blog(o)novela, blogoespaço, blogófilo, etc. Outros já possuem um significado mais específico como blogário (glossário/dicionário de termos relacionados a *blogs*), blogaris (a terra dos bloguistas), *blogdex* (índice de *blogs*), bloguices (notícias em forma de mexericos), etc.

BLOGOSFERA: conjunto infinito de *blogs* existentes no hipermundo ciberespacial.

BLOGUE: v. *BLOG*, DIÁRIO DIGITAL, *FOTOBLOG*, *WEBLOG*.

BLOGUICE (v. *HOAX*): v. "Gêneros textuais do discurso eletrônico-digital" neste *Minidicionário*.

BLOGZINE (v. *E-ZINE*): v. "Gêneros textuais do discurso eletrônico-digital" neste *Minidicionário*.

BOATO (v. *HOAX*): v. "Gêneros textuais do discurso eletrônico-digital" neste *Minidicionário*.

BOOBIECONS: v. *ASSICONS, EMOTICONS, SMILEYS, TITICONS.* (v. também "Guia de *emoticons/smileys*" neste *Minidicionário*).

CANAL (v. *CHAT*): espaço virtual, aberto ou privado, normalmente temático, numa rede IRC, ICQ, Orkut, Skype, que permite a conversa em tempo real nos *chats*, em no modo texto. Há cada vez mais *chats* de voz atualmente, principalmente no mundo dos negócios.

CARACTERETAS: v. CARINHAS, *EMOTICONS.*

CARINHAS: v. CARACTERETAS, *EMOTICONS.*

CHAIN LETTER/CHAIN MAIL: geralmente são mensagens/correntes de sorte ou azar, enviadas em formas de cartas ou *e-mails*, em que se solicita a difusão do conteúdo para o maior número de pessoas possível.

CHAT (v. BATE-PAPO VIRTUAL): conversa em tempo real através da internet. Em alguns sistemas mais antigos de *chat*, a tela é dividida em duas. Cada parte contém o texto de um dos interlocutores. Novos sistemas permitem a criação de "salas" de conversa com formato de páginas web. O *chat* na internet ficou famoso com os servidores IRC (*Internet Relay Chat*), ICQ (*I seek you*), onde são criadas várias "salas", ou canais, abertos ou privados, para abrigar os usuários simultaneamente ou em ambiente reservado. A partir das características desse ambiente, temos alguns tipos de gêneros textuais: *chat* em aberto, *chat* reservado, *chat* agendado e *chat* privado. (v. "Gêneros textuais do discurso eletrônico-digital" neste *Minidicionário* para mais detalhes e exemplos).

CHAT-: a partir do radical chat-, vários neologismos surgiram. A maioria deles com significado claro como chatar/chatear ("conversar-teclando", ou seja, escrever em *chats*), ou chatatório/ chatatorium (sala de *chat*), chatista/chatiano (aquele que escreve num *chat*), chatês (aquele que usa a linguagem do *chat,* etc.).

CHAT MODE: conversar-teclando à maneira do *chat* (v.), isto é, de uma forma livre, descontraída, informal, usando-se uma linguagem econômica, abreviada, quebrando a linguagem escrita padrão, numa interação bastante lúdica.

CIBER-: prefixo de muitos vocábulos novos que surgiram. Há uma lista imensa desses neologismos (v. Benedito, 2003), mas vamos citar aqui apenas alguns como exemplos: cibercafé, ciberadultério, ciberálbum (fotos numa pasta virtual), cibera, ciberamigo (amigo virtual), ciberamor (amor virtual), ciberanalfabeto, ciberavô/avó (avós que navegam ou teclam na net), *ciberbusiness* (comércio eletrônico), cibercomunidade (comunidade virtual), ciberdependência, ciberviciado, cibervIRCiado (viciado em IRC -v.), cibernamoro, cibernautês (linguagem usada e desenvolvida pelos cibernautas), etc.

CIBERESCRITA (v. CIBERESTILO, CIBERNAUTÊS, *CIBERSLANG, CIBER-PORTGLISH*, INTERNAUTÊS, INTERNETÊS): nova forma de escrever-teclando, com modificações no código alfabético e na escrita oficial (do Português ou de outras línguas), com invenção ou criação de códigos, vocabulário e sintaxe, discursivamente, próprios. Com o objetivo de ir direto ao essencial do assunto, a linguagem do ciberespaço na internet e do SMS (Serviço de Mensagens Curtas, do inglês *Short Messages Service*) nos celulares e nos PCs de bolso – e mesmo em computadores de mesa – é abreviada, sincopada, contraída, dinâmica, rápida, entonacional (sinais de pontuação em excesso, caixa alta, alongamentos...), lúdica, em função da especificidade da mensagem. É o "falar-escrito". Ou segundo Anis (2000), trata-se de uma norma "scripto-conversacional" do espaço eletrônico, a *e-comunicação*. Faz-se da língua um jogo sintático, ortográfico, entonacional, usando-se uma imensidade de caracteres diversificados oferecidos pelo teclado do computador ou do celular. Essa forma de escrever também se reflete nos *e-mails*, *blogs* e outros ambientes e/ou gêneros textuais.

CIBERESPAÇO: termo criado pelo escritor William Gibson e inspirado no estado de transe em que ficam os aficionados de videogame durante uma partida. A palavra foi utilizada pela primeira vez no livro *Neuromancer*, de 1984, e adotada desde então pelos usuários da internet, como sinônimo para a rede.

CIBERESTILO (v. CIBERESCRITA, CIBERNAUTÊS, *CIBERSLANG*, *CIBER-PORTGLISH*, INTERNAUTÊS, INTERNETÊS): na produção diversificada e heterogênea (hiper)textual na internet, está-se criando uma nova linguagem ou o chamado "*estilo on-line*", com modificações no código alfabético e na escrita oficial (do Português ou de outras línguas), com invenção ou criação de códigos, vocabulário e sintaxe, discursivamente, próprios.

CIBERIMPRENSA: conjunto de jornais, revistas, *weblogs* de jornalistas que podem ser lidos em versão digital. Já existe hoje uma imprensa que só pode ser consultada/lida na internet (v. CIBERMAGAZINE).

CIBERLITERATURA: comumente, termo que se refere à literatura tradicional que circula na rede: textos em prosa e verso, biografia de autores, críticas literárias, etc. Mas também pode se referir a textos literários produzidos em páginas pessoais, *weblogs,* etc. Hoje já se fala numa literatura específica da internet, gerada por computador, chamada de inteligência artificial, com a produção de textos automáticos multissemióticos, o que se refere a um conceito de literatura ainda em construção e de definição complexa.

CIBERMAGAZINE: trata-se de revistas publicadas *on-line*, mas há muitas revistas que ainda possuem versão em papel e *on-line* (v. CIBERIMPRENSA).

CIBERNAUTA: v. INTERNAUTA.

CIBERNAUTÊS (v. CIBERESCRITA, CIBERESTILO, *CIBERSLANG, CIBER-PORTGLISH,* INTERNAUTÊS, INTERNETÊS): linguagem construída/criada/inventada e utilizada pelos cibernautas ou internautas.

CIBERNÉTICA: ciência e técnica que tem por objeto o estudo comparativo dos sistemas e dos mecanismos de controle automático, regulação e comunicação nos seres vivos e nas máquinas. Hoje se refere muito ao funcionamento e ao controle dos comandos eletromagnéticos e das transmissões eletrônicas nas máquinas de calcular e nos autômatos modernos. A internet, por exemplo, possui muitos comandos automatizados.

CIBERPOESIA (v. POESIA VIRTUAL): textos poéticos criados a partir de temas ciberespaciais que expressam emoções do mundo virtual internético.

CIBERPORTGLISH (v. CIBERESCRITA, CIBERESTILO, *CIBERNAUTÊS, CIBERSLANG,* INTERNAUTÊS, INTERNETÊS): palavra formada de ciber + português + *english*, usada em sentido pejorativo/irônico, se refere à miscigenação de vocábulos, expressões, siglas, abreviações, acrônimos do português com o inglês, língua-mãe da maioria do vocabulário utilizado no ciberespaço (v.).

CIBERSLANG (v. CIBERESCRITA, CIBERESTILO, *CIBERNAUTÊS*, CI-BERPORTGLISH, INTERNAUTÊS, INTERNETÊS: linguagem especializada, própria, específica da internet, tanto no conteúdo como na forma e no estilo. Quanto ao conteúdo, porque os referentes pertencem ao ciberespaço, às novas tecnologias (seu desenvolvimento, evolução, etc.). Já quanto à forma e ao estilo, destacam-se as características das definições que podem ser vistas nos verbetes ciberiberescrita, cibernautês, ciberestilo, ciberslang, ciberportglish, internautês e internetês.

COMUNICAÇÃO MULTISSILÁBICA OU SINTÉTICA: conversa em linguagem em que predomina o uso das abreviações/abreviaturas, siglas e acrônimos (v. tais verbetes neste *Minidicionário*) e sílabas, como é comum nos *chats* (v.) e em SMS (v.)

COMUNIDADE (v. VIZINHANÇA VIRTUAL): a *comunidade tradicional* se caracteriza basicamente por possuir um processo de interação entre pessoas, que se delimita mais pelas fronteiras geográficas do que pelas fronteiras ocupacionais. Assim, a definição da comunidade tradicional pode abranger diferentes limites geográficos, desde os horizontes restritos da aldeia ou do bairro da cidade até as regiões que formam um país ou o próprio país. Com o advento da globalização, houve grandes mudanças que provocaram a substituição da *comunidade tradicional* pela *comunidade digital* ou *virtual* em muitos lugares e espaços. Sem dúvida, a grande diferença entre ambas está naquilo que podemos chamar de fronteiras. Na comunidade tradicional, as fronteiras são mais geográficas do que ocupacionais.

O lugar onde a pessoa mora é mais importante do que a atividade que ela exerce para se definir a comunidade a que ela pertence. Na comunidade virtual, as fronteiras são ocupacionais. Ou seja, à medida que o mundo foi se globalizando, as fronteiras que definem a comunidade foram se invertendo e ficando mais ocupacionais do que geográficas. Muitas pessoas, de diferentes ocupações, passaram a interagir muito mais intensamente com colegas de outras cidades e até de outros países do que com seu vizinho do lado. A interação, então, se dá não por representação, mas pela participação direta do próprio indivíduo. O difícil é responder, nessa transposição de comunidades de visão diversificante, se mudam as relações de interação, as estratégias linguístico-discursivas de comunicação, as estratégias de produção e compreensão de uma escrita hipertextual por natureza ou a constituição da identidade dos sujeitos.

CORREIO ELETRÔNICO (v. *E-MAIL*): v. "Gêneros textuais do discurso eletrônico-digital" neste *Minidicionário*.

CRACKER (v. *HACKER*): usuário que quebra intencionalmente a segurança de um sistema de computação, violando senhas ou licenças de acesso, causando prejuízos ao sistema invadido. Várias causas podem estar por trás dessa invasão: um desafio, o lucro, um protesto, o vandalismo ou até alguma intenção altruísta.

CULTURA DIGITAL: expressão que pode ser usada no sentido de progresso trazido pela (pós-)modernidade, pois se refere aos avanços tecnológicos do processo de informatização por que passou a humanidade a partir da década de 1970. Nesse sentido, exalta quem dela tem conhecimento e marginaliza quem não o tem (daí a expressão exclusão digital). Também pode ser usada ironicamente, quando se quer minimizar alguém que teria apenas cultura digital, cultura do teclado, "uma cultura menor".

DIÁRIO DIGITAL (v. *BLOG*, BLOGUE, *FOTOBLOG*, *WEBLOG*): v. "Gêneros textuais do discurso eletrônico-digital" neste *Minidicionário*.

DOMÍNIO: conjunto de endereços na internet organizado de forma hierárquica. O domínio superior identifica a área geográfica (país a que pertence o endereço, como .br = Brasil) ou a natureza do provedor (.com = comercial; .gov = governamental; .edu = educacional, etc.). O segundo nível identifica uma organização, empresa ou outro local único na internet (nome do servidor). Um nome de domínio consiste de uma sequência de nomes separados por ponto, por exemplo, www.uol.com.br, podendo ser entendida como a versão legível do IP (Internet Protocol). (v. ENDEREÇO ELETRÔNICO em "Gêneros textuais do discurso eletrônico-digital" neste *Minidicionário*).

DOWNLOAD (v. *UPLOAD*): copiar ou "baixar" um arquivo da rede para o computador. Usa-se o termo quando se faz cópia de arquivos em servidores de FTP (File Transfer Protocol = protocolo para transferência de arquivos), de imagens transferidas diretamente da tela do navegador ou de mensagens de correio eletrônico enviadas para o computador do usuário. Também se fala em *download* quando, ao se acessar uma página de *web*, os arquivos que estão sendo transmitidos são "baixados" no computador em uso.

E

E-: assim como Ciber- e Blog-, a partir dos quais se formaram muitos neologismos, o **E-** (letra inicial de *Electronic*), acompanha uma multidão de novas palavras do vocabulário eletrônico-digital. Entre tantas, *e-mail*, e-cartão, e-doenças, e-educação, *e-book*/

e-livro (livro em versão eletrônica), *e-business* ou e-negócios, e-leitor, e-livraria, e-museu, e-namorado(a), e-trabalho, etc.

E-BOOK: forma inglesa já consagrada no português para e-livro. Trata-se de um livro em versão eletrônica. Muitos possuem a forma de um livro tradicional e até possuem recursos eletrônicos que permitem virar páginas como no livro tradicional. Sem falar nos recursos de anotações e outros usados no processo tradicional de leitura de livro-papel.

E-DIÁRIO (v. E-JORNAL): jornal diário que possui versão em papel e versão eletrônica e pode ser lido na internet. Nesse caso, seria um suporte no qual circulam vários tipos de gêneros.

EGOTRIP (v. *EGOTRIPPER*): texto fragmentado. Tipo de texto preferido pelos e-zineiros ou *egotrippers* (v. *E-ZINE* em "Gêneros textuais do discurso eletrônico-digital" neste *Minidicionário*).

EGOTRIPPER (v. *EGOTRIP*): e-zineiro, ou seja, aquele que escreve *e-zine* (v. "Gêneros textuais do discurso eletrônico-digital" neste *Minidicionário*).

E-GREETINGS: saudações diversas enviadas por meio de cartão virtual ou e-cartão (v. "Gêneros textuais do discurso eletrônico-digital" neste *Minidicionário*).

E-JORNAL: v. E-DIÁRIO.

E-MAIL (v. CORREIO ELETRÔNICO): v. "Gêneros textuais do discurso eletrônico-digital" neste *Minidicionário*.

EMOTICONS (v. *ASSICONS, BOOBIECONS, SMILEYS, TITICONS*): ao lado das palavras, os *emoticons* são utilizados para transmitir o estado de espírito (emoções) dos interlocutores na internet com caracteres disponíveis no teclado. Os *emoticons/ smileys* representam um rosto com o qual se pode fazer sorrir, chorar ou fingir algum sentimento segundo a vontade e o estado de espírito do usuário. Os teclados dos computadores e celulares dispõem de caracteres básicos que, combinados, representam vários tipos de emoções. Os ":" (dois pontos) representam os olhos; o "-" (hífen) substitui o nariz e o ")" (parêntese) simula a boca. (v. "Guia de *emoticons/smileys*" neste *Minidicionário*).

ENDEREÇO ELETRÔNICO ou de *E-MAIL*: v. "Gêneros textuais do discurso eletrônico-digital" neste *Minidicionário*.

ESCREVER MAIÚSCULAS: significa gritar, chamar a atenção, quando das interações na internet. Nesse caso vai contra as regras da netiqueta (v.). Também podem ser usadas as maiúsculas, quando se quer dar ênfase a alguma ideia.

ESCRILEITOR: caracteriza o usuário de internet que é ao mesmo tempo escritor e leitor dos textos que produz ou lê. As ferramentas (componentes técnicos, periféricos de entrada – *mouse*, canetas ópticas, microfone, escâner) e os dispositivos (programas, recursos de interface de diálogo virtual, ícones à disposição, cursores dinâmicos, efeitos visuais e sonoros, etc.) permitem ao usuário modificar o texto a seu bel-prazer: corrigir, cortar, colar, limpar, inserir, editar, formatar, etc. O usuário pode ler e escrever ao mesmo tempo. É escrevente e escritor ao mesmo tempo. Escrever é ler. Ler é escrever (COSTA, 2005c, p. 106).

ESCRITORAL (escrita + oral): escrita descontraída, com certas marcas da oralidade (ritmo rápido, escrever como se fala, etc.) usada nas conversações na internet (v. *chat*).

ESCRITA PICTOGRÁFICA: escrita construída com texto acompanhada símbolos diversos (carinhas/carateretas, *emoticons,* etc.).

E-ZINE: v. "Gêneros textuais do discurso eletrônico-digital" neste *Minidicionário*.

FICÇÃO BLOGUEIRA: romance, conto, novela, etc. publicados nos *blogs*. (v. ciber-romance, etc. em "Gêneros textuais do discurso eletrônico-digital" neste *Minidicionário*).

FICÇÃO EGOTRÍPTICA: ficção publicada por partes/capítulos/ fragmentos nos *blogs/weblogs* ou em outros ambientes da internet, quase que diariamente, como as novelas. Essas entradas diárias ou *posts*, geralmente comentários sociais, ficam à disposição dos internautas para leitura e comentários-resposta.

FÓRUM/FORO (de discussão) (v. LISTA DE DISCUSSÃO, LISTA DE DISTRIBUIÇÃO, *USENET*): termo genérico para grupo de discussão. A palavra fórum pode ser aplicada tanto para grupos de discussão da Usenet como para listas de distribuição. Em serviços *on-line* norte-americanos, a palavra fórum é utilizada para descrever os grupos de discussão internos. (v. "Gêneros textuais do discurso eletrônico-digital" neste *Minidicionário*).

***FOTOBLOG* ou FOTOBLOGUE** (v. *BLOG*, BLOGUE, CIBERDIÁRIO, DIÁRIO DIGITAL, DIÁRIO ELETRÔNICO, DIÁRIO ÍNTIMO, *WEBLOG*, WEBLOGUE): consultar todos esses termos em "Gêneros textuais do discurso eletrônico-digital" neste *Minidicionário*.

GEEK (v. NERD, *SPOD*): refere-se a pessoas apaixonadas loucamente pela internet. A tecnologia é seu mundo, chegando à beira do comportamento patológico. Não sabem viver longe da tela do computador. Filmes, bandas, grupos *geeks* foram criados, e o tema é sempre a realidade virtual.

GESTOS GRÁFICOS: a "conversa teclada", como nos *chats*, por exemplo, não permite o uso de gestos ou mímicas, recursos paraverbais muito comuns na conversação face a face cotidiana. Os internautas "chateadores" criaram, então, recursos vários (ícones, sinais, uso de alongamentos ou maiúsculas, pontuação em excesso, etc. – v. mais detalhes e exemplos no verbete *chat* em "Gêneros textuais do discurso eletrônico-digital" neste *Minidicionário*.) para transmitir expressividade, emotividade, afetividade na interação verbal e social da internet.

GUESTBOOK (v. LIVRO DE CONVIDADOS/VISITANTES): literalmente, livro de convidados ou visitantes. Mas trata-se de um livro que se coloca à disposição de visitantes numa página pessoal para que eles, ao acessá-la, possam tecer comentários diversos, positivos ou negativos, fazer sugestões, etc.

GRUPO DE DISCUSSÃO: v. LISTA DE DISCUSSÃO.

HACKER (v. *CRACKER*): o termo foi usado, a princípio, para se referir a programadores muito habilidosos. Mas a imprensa acabou por divulgar o termo como sinônimo de *cracker* (ver acima), ou seja, um usuário que tenta quebrar a segurança de sistemas de computadores, violando-os e, em geral, causando prejuízos.

HETEROTECLAS: usuário de internet que tecla com vários outros ao mesmo tempo, travestindo-se de papéis ou personagens diversos. Ao incorporar vários personagens, desdobra sua personalidade em várias, num processo complexo e rápido de troca de emoções e sentimentos de acordo com a personalidade de cada interlocutor virtual com quem interage.

HIPERLINK (v. *LINK*, PALAVRA-CHAVE): v. "Gêneros textuais do discurso eletrônico-digital" neste *Minidicionário*.

HIPERMÍDIA (v. MULTIMÍDIA): a definição formal de hipermídia une os conceitos de hipertexto e multimídia. Ou seja, um documento hipermídia contém imagens, sons, textos e vídeos, como qualquer título multimídia. Além disso, usa ligações de hipertexto para permitir que o usuário salte de um trecho do documento para outro ou até mesmo para um documento diferente. O termo hipermídia também é utilizado como sinônimo de multimídia.

HIPERTEXTO: organização de unidades de informação por meio de associações interligadas. Um documento de hipertexto possui ligações (*links/hiperlinks*) para diversas partes do mesmo documento ou para documentos diferentes. As ligações normalmente são indicadas por meio de uma imagem ou texto em uma cor diferente ou sublinhado. Ao clicar na ligação, o usuário é levado até o texto interligado. O hipertexto foi o principal conceito usado na criação da *web*, que pode ser descrita como um enorme pacote de informações interconectadas por ligações de hipertexto. Ancorado, pois, na informática, o hipertexto possui uma textualidade eletrônica virtual cujo espaço é outro e, por isso mesmo, vai além do texto de formato tradicional. Segundo Barthes (1977), trata-se de um texto composto de blocos de palavras, ou de imagens, conectados eletronicamente, com múltiplos percursos, numa textualidade sempre aberta e infinita. Enquanto o texto tradicional é um conjunto de parágrafos sucessivos, reunidos em partes ou em capítulos, que são lidos comumente do começo ao fim, um hipertexto é um conjunto de dados textuais que possuem um suporte eletrônico e que podem ser lidos de diversas maneiras e por diversos caminhos. Os dados são divididos em elementos ou nós de informação, como parágrafos. Enquanto o texto tradicional propõe ao leitor um percurso fixo, o hipertexto dá ao leitor a opção de construir progressivamente um conjunto fugaz de elementos textuais, a seu bel prazer.

As características do hipertexto (*modularidade, virtualidade, multimodalidade, interatividade*) revolucionaram a escrita e a leitura como *processamento de textos* justamente por causa da virtualidade, palavra que resume as potencialidades e as possibilidades oferecidas pela transformação de texto. Como produto, o hipertexto é uma fonte de consultas e de leitura, constituindo-se, portanto, como um conjunto de dados acessíveis à navegação interior.

HOAX (v. BLOGUICE): v. "Gêneros textuais do discurso eletrônico-digital" neste *Minidicionário*.

HOME PAGE: (v. PORTAL, *SITE*, SÍTIO): muitas pessoas utilizam inadequadamente o termo *home page* para definir qualquer página *web*. Rigorosamente, uma *home page* é a página de entrada de um *site*, mas o termo pode ser usado também para indicar a página principal de uma determinada seção. Por exemplo, no UOL existem várias áreas e, em cada uma delas, existe uma página principal que pode ser chamada de *home page* da área (v. "Gêneros textuais do discurso eletrônico-digital" neste *Minidicionário* para mais detalhes).

ÍCONE: símbolos gráficos que aparecem na tela do computador ou de celulares e funcionam como metáforas visuais. Representam documentos, programas ou diretórios e ajudam o usuário a "encurtar caminhos", ou seja, servem de atalhos que auxiliam os usuários quando da execução de ações diversas.

ÍCONES VIRTUAIS: são os símbolos usados na linguagem abreviada: carinhas, caracteretas, *emoticons, smileys* (v. quadros do "Guia de emoticons/smileys").

IM (v. MENSAGEM INSTANTÂNEA): sigla para *Instant Messaging*.

INFOGRAFIA: processo de criação de imagens por computador (computação gráfica) em que se combinam desenhos, fotos, gráficos, etc. com textos escritos. O infográfico é, então, um recurso gráfico (não verbal) agregado à informação (verbal) que se refere à imagem apresentada, cujo conjunto se traduz numa apresentação visual dramatizada de dados e informações. Imagem e texto fundem-se a fim de se obter a completude na leitura de informações Um infográfico, portanto, se constitui de representações visuais e escritas que formam um conjunto gráfico de sentido coeso e integrado. Sua utilização não tem objetivo meramente ilustrativo, mas sim completar informações difíceis de serem exemplificadas apenas com recursos verbais. Assim, por exemplo, num texto técnico-científico, uma imagem empregada sozinha poderia ser ineficaz e um texto com explicações científicas poderia ser considerado chato demais para ser lido.

INFOPÉDIA: livro-guia cujo conteúdo informativo (info-) se refere à educação (-pédia, do grego *paidéia*).

INTERNAUTA (v. CIBERNAUTA): navegador/usuário da internet, rede mundial de computadores.

INTERNAUTÊS (v. CIBERESCRITA, CIBERESTILO, CIBERNAUTÊS, *CIBERSLANG*, *CIBERPORTGLISH*, INTERNETÊS): vocábulos ou expressões que resultam das novas tecnologias (internet, celulares, PCs de bolso e mesmo computadores de mesa).

INTERNET: a) Com inicial maiúscula, significa a rede de computadores originalmente criada nos EUA, que se tornou uma associação mundial de redes interligadas por meio dos protocolos da família TCP/IP.

b) Com inicial minúscula, significa genericamente uma coleção de redes locais e/ou de longa distância, interligadas por roteadores (dispositivos responsáveis pelo encaminhamento de pacotes de comunicação em uma rede ou entre redes).

INTERNET2: rede paralela à internet formada por universidades para desenvolver aplicações avançadas para área acadêmica e de pesquisa. A Internet2 oferece infraestrutura suficiente para grande parte das pesquisas que exigem recursos multimídia e conexões de alta capacidade, além de ser usada para investigar e criar novos meios de utilizar a rede mundial de computadores para propósitos educacionais.

INTERNETÊS (v. CIBERESCRITA, CIBERESTILO, CIBERNAUTÊS, *CIBER-SLANG, CIBERPORTGLISH*, INTERNAUTÊS): vocábulos, expressões, siglas e acrônimos técnicos, próprios da linguagem/discurso do ciberespaço na internet e do SMS (Serviço de Mensagens Curtas; do inglês *Short Messages Service*) nos celulares, nos PCs de bolso e mesmo em computadores de mesa.

IRC (v. *CHAT*): sigla para *Internet Relay Chat*. Sistema de conversa por computador (*chat*) em que várias pessoas podem participar ao mesmo tempo de "canais" dedicados a assuntos específicos. As conversas acontecem em tempo real. As frases digitadas pelo usuário aparecem na tela dos demais participantes do canal.

JARGÃONET ou JARGÃO INFORMÁTICO: v. INTERNETÊS.

KIKAR: expulsar/"matar" alguém da sala de bate-papo ou *chat*.

KIKADO: diz-se de alguém que foi expulso da sala de bate-papo ou *chat*.

KILL: significa "matar" em inglês. Refere-se à eliminação de artigos, de temas, de grupos de discussão (v.) que não são mais do interesse de um grupo.

LAMMER: usuário de *chat* que sempre interrompe conversas ou está sempre a fazer perguntas inoportunas.

LAN (v. WAN e WLAN): sigla para *Local Area Network*. Rede de computadores, em geral, de curta distância, limitada a um prédio ou conjunto de prédios de uma instituição. Por isso, conhecida como LAN HOUSE, ou seja, é um estabelecimento comercial que, à semelhança de um *cyber café*, oferece às pessoas um serviço pago de acesso à internet ou a uma rede local, mediado por computadores.

LÍNGUA-MÃE DA REDE: também conhecida como língua franca. Trata-se do inglês, língua em que nasceram as novas tecnologias da internet e da qual milhares de termos são importados pela maioria das línguas do mundo.

LINK (v. *HIPERLINK*, PALAVRA-CHAVE): v. "Gêneros textuais do discurso eletrônico-digital" neste *Minidicionário*.

LISTA ou GRUPO DE DISCUSSÃO (v. LISTA DE DISTRIBUIÇÃO, FÓRUM e *USENET*): grupo de discussão sobre algum tema específico, cujas mensagens são distribuídas por correio eletrônico àqueles que estão inscritos em tais listas. Um *moderador* ou *webmaster* pode fazer uma triagem das mensagens antes de direcioná-las aos participantes. (v. "Gêneros textuais do discurso eletrônico-digital" neste *Minidicionário* para mais detalhes).

LISTA DE DISTRIBUIÇÃO: as listas de distribuição (*mailing lists*) permitem a criação de grupos de discussão usando apenas correio eletrônico. Funcionam por meio de um servidor de listas, responsável por manter o nome dos usuários que assinam o serviço. Para assinar uma lista, é preciso enviar via correio eletrônico um comando para o servidor de listas. (v. "Gêneros textuais do discurso eletrônico-digital" neste *Minidicionário*. para mais detalhes.)

LISTSERV: tipo mais comum de servidor de lista (programa capaz de receber comandos – de pedido de assinatura de uma lista, por exemplo – e redistribuir as mensagens dos assinantes). Os comandos devem ser enviados para o endereço do servidor, normalmente chamado listserv@computador.dominio.

LIVRO DE CONVIDADOS/VISITANTES (v. *GUESTBOOK*): livro que se coloca à disposição de convidados ou visitantes numa página pessoal para que eles, ao acessá-la, possam tecer comentários diversos, positivos ou negativos, fazer sugestões, etc.

LOG/LOG-BOOK/LOGBOOK: arquivo/livro de registro ou programa, onde são armazenadas senhas e outras informações.

LOGAR: fazer *login*, isto é, ao entrar no sistema, passar ao computador a identidade.

LURKER: usuário que, nos grupos de discussão (v.), apenas registra sua presença, mas não participa ativamente das conversas ou debates. Contenta-se em ficar lendo o que os outros escrevem.

LURKING: atividade, cibervoyeurismo do *lurker* (v.).

MAIL SNAIL: em inglês, correio caracol/lesma. Refere-se ao correio tradicional mais lento, se comparado à instantaneidade do correio eletrônico.

MAILING LIST: lista particular, comercial ou institucional de endereços eletrônicos que pessoas, empresas de bens e serviços e instituições usam para enviar informações, comunicações e outras mensagens, geralmente, coletivamente.

MÁSCARA ou MÁSCARA DIGITAL: v. APELIDO, BAILE DE MÁSCARA, *NICK, NICKNAME.*

MEME: quanto ao conteúdo, os *memes* podem ser ideias ou partes de ideias, línguas, sons, desenhos, capacidades, valores estéticos e morais, ou qualquer outra coisa que possa ser aprendida facilmente e transmitida enquanto unidade autônoma. Vários gêneros textuais, que geralmente se caracterizam como textos curtos e breves, se prestam para transmitir os *memes*: piadas, tiradas, *slogans*, provérbios, aforismos, etc.

MENSAGENS INSTANTÂNEAS: v. "Gêneros textuais do discurso eletrônico-digital" neste *Minidicionário.*

MICREIRO: termo que se refere a amadores viciados em tecnologia, que leem e pesquisam tudo sobre máquinas e informática. Autodidatas, criativos, vendem seus serviços bem mais baratos que os profissionais do ramo, como os *webdesigners.*

MICROBLOGGING: forma de publicação de *blog* ou *miniblog* (v. "Gêneros textuais do discurso eletrônico-digital" neste *Minidicionário*) que permite aos usuários que façam atualizações breves de texto (geralmente com menos de 200 caracteres; no twitter [v.], apenas 140) e possam publicá-las para que sejam vistas publicamente ou apenas por um grupo restrito escolhido pelo usuário. Esses textos podem ser enviados por uma diversidade de meios tais como SMS, mensageiro instantâneo, *e-mail*, mp3 ou pela *web.*

MUD: sigla para *Multiple User Dimension, Multiple User Dungeon* ou *Multiple User Dialogue*. Os MUDs são sistemas pelos quais os usuários podem passear por vários ambientes virtuais e conversar com outros participantes. Trata-se de uma espécie de *Role Playing Game* (RPG) nos quais os usuários podem assumir personalidades e criar suas próprias salas e objetos.

MULTIMÍDIA: o termo multimídia ou multimídia interativa é utilizado para definir um documento de computador composto de elementos de várias mídias, como áudio, vídeo, ilustrações e texto, porque permite a participação do usuário.

NAVEGADOR: programa utilizado para navegar na *web*. Oferece a maioria dos recursos da rede, como correio eletrônico, transferência de arquivos e acesso a grupos de discussão.

NERD (v. *GEEKS*): maníaco por tecnologia (internet).

NET: em inglês, rede. O termo é utilizado como sinônimo de internet.

NETIQUETA (ou *NETIQUETTE*): conjunto de regras que disciplinam a interação na internet. (v. "Gêneros textuais do discurso eletrônico-digital" neste *Minidicionário* para mais detalhes.)

NETTER: v. CIBERNAUTA, INTERNAUTA.

NETNEWS (v. *NEWSGROUP, USENET*): também chamado de *Usenet News, Usenet* ou apenas *News*.

NEWSGROUP (v. *NETNEWS* e *USENET*): grupo de discussão da *Usenet*. (v. "Gêneros textuais do discurso eletrônico-digital" neste *Minidicionário*. para mais detalhes.)

NICK: abreviação de *nickname* (v).

NICKNAME (v. APELIDO, MÁSCARA, MÁSCARA DIGITAL, *NICK*): v. "Gêneros textuais do discurso eletrônico-digital" neste *Minidicionário*.

ON-LINE: termo utilizado para descrever a condição de estar conectado a uma rede de computadores ou outros dispositivos. O termo é usado, em geral, para descrever alguém que está conectado à internet.

OUT: ao contrário de *on-line*, significa estar fora, fora de um programa, de um assunto ou desconectado da internet.

PALAVRA-CHAVE (v. *LINK, HIPERLINK*): v. "Gêneros textuais do discurso eletrônico-digital" neste *Minidicionário*.

PERFIL VIRTUAL: v. AUTORRETRATO VIRTUAL v. "Gêneros textuais do discurso eletrônico-digital" neste *Minidicionário*.

POESIA VIRTUAL (v. CIBERPOESIA): a pessoa virtual é a fonte de inspiração dos poemas. Como nas cantigas de amor e amigo medievais, a poesia virtual é um contínuo lamento da ausência do(a) amigo(a)/namorado(a) distante; uma manifestação de alegria se ele(a) está por perto e aparece *on-line* ou uma manifestação de raiva se ele(a) não aparece ou demora a estar *on-line*.

PORTAL (v. *SITE*/SÍTIO e *HOME PAGE*): *site*/sítio que se propõe ser a porta de entrada da *web* para as pessoas em geral. (v. "Gêneros textuais do discurso eletrônico-digital" neste *Minidicionário* para mais detalhes).

POST: v. "Gêneros textuais do discurso eletrônico-digital" neste *Minidicionário*.

POSTAGEM: ato de colocar *posts* (v.) no *weblog* (v.) ou em lista de discussão (v.).

POSTAR: ação de postagem (v.).

PROCESSAMENTO DE TEXTOS: conjunto de técnicas informáticas que permitem o registro, a memorização, a correção, a atualização, a construção de página e a difusão de textos.

REALIDADE VIRTUAL: mundo "fictício/simulado", criado pelo computador, onde os usuários se encontram virtualmente.

REDE: v. INTERNET.

SALA DE BATE-PAPO: sala de *chat* (v.).

SIGLA (v. ABREVIAÇÃO ou ABREVIATURA e ACRÔNIMO): enquanto as siglas são soletradas (UFJF, UFU, etc.), os acrônimos são as siglas formadas por letras iniciais de vários vocábulos que se pronunciam de forma contínua (Unincor, Unicamp, UNESCO, etc.). Abreviações, acrônimos e siglas ajudam a cumprir a máxima "dizer um máximo de coisas em um mínimo de espaço e de tempo".

SITE (v. *HOME PAGE* e *WEBSITE*): coleção de arquivos *web* sobre um determinado assunto com um início chamado *Home Page* ou Portal. (v. "Gêneros textuais do discurso eletrônico-digital" neste *Minidicionário* para mais detalhes.)

SÍTIO (v. *SITE* e *HOME PAGE* e PORTAL): v. "Gêneros textuais do discurso eletrônico-digital" neste *Minidicionário*.

SMILEYS (v. *ASSICONS, BOOBIECONS, EMOTICONS, TITICONS*): convenção utilizada para transmitir o estado de espírito dos interlocutores na internet com caracteres disponíveis no teclado. Os *smileys* representam um rosto com o qual se pode fazer sorrir, chorar ou fingir algum sentimento segundo a vontade e o estado de espírito do usuário. Os teclados dos computadores e celulares dispõem de caracteres básicos, que combinados, representam vários tipos de emoções. Os ":" (dois pontos) representam os olhos; o "-" (hífen) substitui o nariz e o ")" (parêntese) simula a boca. (v. também "Guia de *emoticons/smileys*" neste *Minidicionário*).

SPOD (v. *GEEK*): usuário que possui o perfil do *geek* (v.). Por exemplo, começa uma conversação virtual perguntando sempre "vc é M/F"?

TI: sigla para Tecnologias da Informação. Trata-se de uma expressão geral que se refere ao conhecimento e ao uso de computadores e sistemas de comunicação eletrônicos, bem como seu uso para processamento e distribuição de informação.

TIC: sigla para Tecnologias da Informação e Comunicação. Trata-se de uma expressão geral que engloba o conjunto de tecnologias da sociedade de informação: informática, internet, multimídia, etc., bem como os sistemas de telecomunicações que organizam sua distribuição.

TITICONS: v. *ASSICONS, BOOBIECONS, EMOTICONS, SMILEYS.* (v. também "Guia de *emoticons/smileys*" neste *Minidicionário*).

TWITTER: rede social e servidor para *microblogging* que permite que os usuários enviem atualizações pessoais contendo apenas texto e *hiperlinks* em menos de 140 caracteres via SMS, mensageiro instantâneo, *e-mail*, *site* oficial ou programa especializado. As atualizações são exibidas no perfil do usuário em tempo real e também enviadas a outros usuários que tenham assinado para recebê-las. Devido ao sucesso do Twitter, um grande número de *sites* parecidos foram lançados ao redor do mundo. Alguns oferecem o serviço para um país específico, outros unem outras funções, como compartilhamento de arquivos. "É uma ferramenta de produtividade divertida que também funciona como a mais esquisita e a mais bem-sucedida técnica de marketing de todos os tempos, além de ser um ponto de encontro entre os 'twitteiros'", como escreveu Gabriela Zago no *site* http://www.twitterbrasil.org/, em 20/02/09.

Aliás, muitas palavras foram criadas a partir da invenção dessa rede social, como *twittar, twittice, tweet* ou *twittada,* etc.

Selecionamos um pequeno vocabulário retirado do *site* acima, em 26/02/2009:

> **# ou hashtag** - no Twitter, o emprego do símbolo # (também chamado de *hashtag*) antes de uma palavra serve para identificar o assunto do *tweet*.
>
> **@** - símbolo usado antes do nome de algum usuário para direcionar a mensagem a ele ou para se referir a ele.
>
> **baleiar** - verbo criado a partir das sucessivas vezes em que o Twitter saía do ar e no lugar aparecia a imagem de uma baleia. Sinônimo aproximado de "sair do ar".
>
> **fail whale** - baleia simpática que costuma aparecer quando o Twitter sai do ar.
>
> **twerd** - um twitteiro nerd (v.).
>
> **RT - retweet** - twittar conteúdo postado por outros usuários. (Outras variações: **ret.**, **retwitt**).

twammer - Twitter + *spammer* (alguém que segue muitas pessoas e posta atualizações com *links* para *sites* de *spam*).

twídia - mídia com presença no Twitter.

tweet ou twittada - nome dado a cada mensagem postada no Twitter.

twittar - verbo, ação ou efeito de postar alguma coisa no Twitter.

twitteiro - usuário do Twitter.

tweme - meme (v.) no Twitter.

twewbie - um novato no Twitter (newbie).

twittervista - entrevista feita através do Twitter.

twirtar - a arte de flertar através do Twitter.

twitteratura - literatura no Twitter.

twittersação - conversação realizada através do Twitter.

twitterverse, twittersphere ou twittosfera - o conjunto de todos os twitteiros, como na blogosfera.

Eis um bom exemplo do que é possível criar com o Twitter, usando apenas 140 caracteres.

A VERDADE É QUE 140 CARACTERES É MUITO PARA QUEM SÓ FALA BESTEIRA. #PRONTOFALEI

Veja o início da entrevista com **tio.faso** (Fábio Sousa), empresário-bonequeiro criador do *site* marcamaria, que iniciou seu projeto de uma HQ em 140 caracteres. A entrevista foi realizada por Fernando Souza, no dia 15 de Fevereiro de 2009 no *site* http://www.twitterbrasil.org/:

1. Como surgiu a ideia?

Passei a semana vendo um monte de aplicações legais sendo lançadas para o Twitter, como o migre.me – do qual já virei usuário compulsivo –, e fiquei com aquele pulguinha atrás da orelha, querendo fazer algo do tipo. Mas como não sei programar direito, estava deixando esse sonho guardado no bolso.

De madrugada (sempre ela) eu resolvi reeditar um dos primeiros bonecos que eu fiz, atualizando o traço e unindo com outro projeto de HQ que não deu certo. Desenhei algumas poses e pensei em fazer outra tirinha, mas senti que não tinha capacidade para tanto. Foi aí que eu me lembrei do Twitter e nas frases de efeito que algumas pessoas colocam. Em pouco tempo eu estava na frente do computador colorindo e publicando o danado. Acabei criando uma espécie de "micro-hq" (na falta de um nome melhor). Fora que esse tipo de desenho + twittada eu faço em torno de 15 minutos, o que está sendo um ótimo desestressante para mim (trabalho umas 12h a 14h por dia e só vou dormir depois das 2h).

UPLOAD (v. *DOWNLOAD*): transmissão de um arquivo do computador do usuário para a rede.

URL (*Uniform Resource Locator*): nome técnico e padrão de endereçamento da *web*. Refere-se ao conjunto de endereços de *sites* existente na WWW e permite que cada arquivo na internet tenha um endereço próprio, que consiste de seu nome, diretório, máquina em que está armazenado e protocolo pelo qual deve ser transmitido (v. DOMÍNIO).

USENET (v. *NEWSGROUP*): rede de grupos de discussão amplamente disseminada na internet. A rede é formada por grupos de discussão, chamados *newsgroups*. Cada servidor que participa da *Usenet* troca as mensagens colocadas por seus usuários com os demais servidores. Assim, todo o conjunto de mensagens colocadas nos grupos de discussão está sempre atualizado.

USERNAME (v. APELIDO, *NICK*, *NICKNAME*, MÁSCARA, MÁSCARA DIGITAL): cada usuário possui um servidor e escolhe um nome, geralmente, não o verdadeiro, que é uma combinação de letras e/ou números (alfanumérico), por meio do qual tem acesso a programas, *sites,* etc.

vIRCiado: usuário que "vive" no IRC ou em outro programa de conversação (WLM, Skype, etc.).

VIRTUAL: a palavra "virutal" banalizou-se e por isso pode ter muitos sentidos, dependendo da concepção que se adota (representação do real, oposto ao real, potencial, abstração, etc.). Contudo não vamos fazer aqui uma discussão filosófica do termo. Na linguagem da internet, predomina o significado de simulação ou de interações por redes de computadores, e criaram-se, então, muitas expressões em que a palavra virtual aparece: realidade virtual, ambiente virtual, comunidade virtual, vizinhança virtual, etc.

VIZINHANÇA VIRTUAL (v. COMUNIDADE): conceito ligado à prática cotidiana de se aproximar das pessoas que moram perto (mesmo prédio, mesma rua, etc.). No mundo ciberespacial, o vizinho virtual pode morar em qualquer parte do planeta, até no mesmo prédio ou na mesma rua. A aproximação se faz por interesses comuns, amizade, etc., ou seja, por atividades ocupacionais em comum. Mesmo mexericos acabam fazendo parte da amizade virtual, como na amizade "real". Cumprimentar, trocar favores, fofocar, conversar sobre o cotidiano... tudo isso passou a fazer parte da vizinhança virtual.

VLOG/VIDEOBLOG/VOG: verbete composto de vídeo + *blog*: o conteúdo principal desse tipo de *blog* é um conjunto de vídeos ou filmes para serem vistos na *web*.

WALLPAPER: em inglês, "papel de parede". Imagens ou fotografias usadas como pano de fundo nas telas dos monitores de computador e de celulares.

WAN (v. LAN e WLAN): sigla para *Wide Area Network*. Ao contrário da LAN, a WAN é uma rede que interliga computadores separados por distâncias maiores do que um quilômetro.

WAP: em inglês, sigla para *Wireless Application Protocol*. Em português, Protocolo para aplicações sem fio. Trata-se de um padrão internacional que utiliza comunicações sem fio, como o acesso à internet a partir de um telefone celular.

WARDRIVING: dentro de um carro, carrega-se um *laptop* equipado com um cartão sem fio ou antena, à procura de uma rede de conexão sem fio (v. WIRELESS).

WAREZ: nomeia *softwares* ou *games* piratas, distribuídos gratuitamente na internet.

WEB-: assim como a partir de *ciber-*, *e-*, *net-* foram formadas centenas de novas palavras, com o radical *web-* também vai acontecer o mesmo. Muitos neologismos enriqueceram o vocabulário do português: webjornalista, webcafé, webguru, webescritor/*webwriter,* etc.

WEB: área da internet que contém documentos em formato de hipermídia, uma combinação de hipertexto com multimídia, característica mais importante da internet. Os documentos hipermídia da WWW são chamados de páginas de *web* e podem conter texto, imagens e arquivos de áudio e vídeo, além de ligações com outros documentos na rede.

WEBCAM: câmera de vídeo usada para transmissão de imagens pela internet.

WEBCAST: termo composto pelas palavras "*web*" e "*broadcast*" (radiofusão). Refere-se à transmissão de conteúdos de vídeo ao vivo pela internet.

WEBINAR (*web* + *seminar* = seminário): realizar um seminário na *web*, ou seja, via internet.

WEBLOG (v. *BLOG*, BLOGUE, DIÁRIO DIGITAL, *FOTOBLOG*): v. "Gêneros textuais do discurso eletrônico-digital" neste *Minidicionário*.

WEBSODE (*web* + *episode*): promoção ou lançamento de produtos, CDs, etc., prestação de informações ou divulgação de notícias em forma de áudio ou vídeo numa página *web*.

WEBSITE (v. *SITE*): servidor de WWW. Contém páginas interligadas conhecidas como documentos de hipertexto (páginas de *web*).

Os *websites* contêm informações diversas: de empresas, de lojas virtuais, jogos, notícias, etc.

WHOIS: banco de dados/informações sobre domínios, redes, *hosts* (repositório de serviços para outros computadores na internet) e pessoas e lista de usuários da internet.

WIKI: v. WIKIKI.

WIKIKI: a própria Wikipédia (v.) define *wikis* (vem de *wikiwiki* = rápido, na língua havaiana) como uma coleção de muitas páginas interligadas, e cada uma delas pode ser visitada e *editada* por qualquer pessoa, pois o que caracteriza as ferramentas Wiki é a facilidade de edição e a possibilidade de criação de textos de forma coletiva e livre, assim como se faz na Wikipédia (v.) e em outros projetos que utilizam Wikis.

WIKIPEDISTA: pessoa que participa ou participou da redação ou edição de artigos na Wikipédia.

WIRELESS: significa "sem fio". Refere-se às redes que se comunicam sem cabos ou fios.

WLAN: v. LAN e WAN.

WORKGROUP: em português, grupo de trabalho. grupos de pessoas produzem, cooperativamente, trabalhos, pesquisas através de recursos oferecidos pelas redes (videoconferências, trocas de arquivo pela internet, etc.).

WWW: sigla para *World Wide Web* (literalmente, em inglês, "rede do tamanho do mundo"). Sistema de documentos ligados através de *hiperlinks* que formam a internet.

WYSIWYG: sigla em inglês com as iniciais da expressão "What you see is what you get" (O que você vê é o que você obtém). O termo se refere à capacidade de um programa de computador de permitir que um documento seja impresso com a mesma aparência e o mesmo formato em que aparece na tela. Termo empregado inicialmente para programas de edição de texto e, hoje, se aplica a qualquer tipo de programa.

ZAPPING e **ZIPPING**: ações típicas da sociedade de informação e comunicação contemporânea: cultura atual que se resume na rapidez e na grande capacidade de armazenamento de informações.

ZAPPING ELETRÔNICO: na TV as pessoas "passeiam" de canal em canal com o controle remoto. Na internet, os usuários navegam de *site* em *site* usando o *mouse*.

ZINE: diminutivo de *E-ZINE* (v.).

ZIP: pasta compactada.

ZIPPERHEAD: pessoa que tem a mente/cabeça fechada como uma pasta compactada.

ZIPPING: ação de compactar/comprimir pastas.

Referências

ADAM, J. M. *Les textes: types et prototypes*. Paris: Nathan, 1992.

ANIS, J. *Texte et ordinateur. L'écriture réinventée?* Paris, Bruxelles: De Boeck Université, 1988.

ANIS, J. Modifications dans les pratiques d'écriture. *Le Français Aujourd'hui*, n. 129, 3, Paris: AFEF, 2000, p. 59-69.

ARAÚJO, J. C.; BIASI-RODRIGUES, B. (Orgs.) *Interação na internet: novas formas de usar a linguagem*. Rio de Janeiro: Lucerna, 2005 – Parte I.

ARAÚJO, J. C. Chat na Web: um estudo de gênero hipertextual. In: CAVAL-CANTE *et al. Teses & Dissertações: Grupo Protexto*. Fortaleza: Protexto, 2007.

ASKEHAVE, I.; NIELSEN, A. E. *Web*-mediated genres: a challenge to traditional genre theory. *Working papers*, n. 6, p. 1-50, 2004.

BAKHTIN, M. (Volochinov). (1929) *Marxismo e Filosofia da Linguagem*. São Paulo: Huicitec: 1973.

BAKHTIN, M. (1953) Os gêneros do discurso. In: *Estética da criação verbal*. São Paulo: Martins Fontes, 1994. p. 327-358.

BENEDITO, J. *Dicionário da Internet e do Telemóvel*. Lisboa: Centro Atlântico, 2003.

BEZERRA, B. G. Gêneros introdutórios mediados pela Web: o caso da homepage. In: ARAÚJO, J. C.; BIASI-RODRIGUES, B. (Orgs.). *Interação na internet: novas formas de usar a linguagem*. Rio de Janeiro: Lucerna, 2005. p. 112-125.

BEZERRA, M. A. Gêneros textuais e PCN. In: DIONÍSIO, A. P.; BEZERRA, M. A. (Orgs.). *O livro didático de português: múltiplos olhares*. Rio de Janeiro: Lucerna, 2001. p. 36-37.

BHATIA, V. *Words of written discourse: a genre-based view*. London: Continuum, 2004.

BRONCKART, J. P. *Atividade de linguagem, textos e discursos. Por um interacionismo sócio-discursivo*. São Paulo: Educ, 1999, p. 69-93.

COSTA, S. R. Oralidade e escrita e novos gêneros na internet. In: *CDROM da III Conferência sociocultural*. Campinas: FE/UNICAMP, 2000.

COSTA, S. R. Oralidade e escrita e novos gêneros (hiper)textuais na internet. In: FREITAS, M. T. A.; COSTA, S. R. (Orgs.). *Leitura e escrita de adolescentes na internet e na escola*. Belo Horizonte: Autêntica, 2005c. p. 19-27.

COSTA, S. R. Leitura e escrita de hipertextos: implicações didático-pedagógicas e curriculares. In: FREITAS, M. T. A.; COSTA, S. R. (Orgs.). *Leitura e escrita de adolescentes na internet e na escola*. Belo Horizonte: Autêntica, 2005b. p. 37-43.

COSTA, S. R. (Hiper)textos ciberespaciais: mutações do/no ler-escrever. In: FREITAS, M. T. A.; SOUZA, S. J. (Orgs.). *Televisão, internet e educação. Estratégias metodológicas com crianças e adolescentes*. Cad. Cedes, Campinas, v. 25, n. 65, p. 102-116, jan./abr. 2005a.

COSTA, S. R. *A construção/apropriação da escrita nas salas de aula da escola fundamental e nas salas de bate-papo na Internet*. PUC/SP: DELTA, 22:1, 2006a (159-175).

COSTA, S. R. Gêneros discursivos e textuais: uma pequena síntese teórica. In: *Recorte - Revista de Linguagem, Cultura e Discurso*, v. 3, n. 5, Art. 3, Unincor-Três Corações: 2006b.

COSTA, S. R. Pequeno vocabulário de discurso eletrônico-digital. In: SILVA, G.; ROCHA, L. F. M. (Orgs.). *Discurso e cultura*. Juiz de Fora: Feme, 2006c.

COSTA, S. R. *Dicionário de gêneros textuais*. Belo Horizonte: Autêntica, 2008.

DEJOND, A. *La cyberl@ngue française*. Tournai: La Renaissance Du Livre, 2002.

DICIONÁRIO ELETRÔNICO HOUAISS DA LÍNGUA PORTUGUESA (UOL HOUAISS), 2005. (<http://www.houaiss.uol.com.br>)

DIONÍSIO, A. P.; MACHADO, A. R.; BEZERRA, M. A. *Gêneros textuais & ensino*. Rio de Janeiro: Lucerna, 2002.

DISCINI, N. *Comunicação nos textos*. São Paulo: Contexto, 2005.

DOLZ, J.; SCHNEUWLY, B. *Pour un enseignement de l'oral. Initiation aux genres formels à l'école*. Paris: ESF Éditeur, 1998.

DOLZ, J.; PASQUIER, A.; BRONCKART, J. P. Argumenter... pour convaincre. Une séquence dicactique 6P. *Cahiers du Service du Français*, n. 31, Génève, D.I.P, 1993.

DOLZ, J.; SCHNEUWLY, B. *Genres et progression en expression orale et écrite. Éléments de réflexions à propos d'une expérience romande*. Enjeux, 1996, p. 31-49.

FREITAS, M. T. A.; COSTA, S. R. *Construção/produção da escrita na internet e na escola: um enfoque sócio-histórico*. Projeto CNPq 1999-2000-2001.

FREITAS, M. T. A.; COSTA, S. R. (Orgs.). *Leitura e escrita de adolescentes na internet e na escola*. Belo Horizonte: Autêntica, 2005.

KABATEK, J. *Tradiciones discursivas y cambio lingüístico*. Disponível em: <www.kabatek.de/discurso>. Acesso em: 25 nov. 2008.

MAINGUENEAU, D. Ethos, scénographie, incorporation. In: *Images de soi dans le discourse: La construction de l'éthos*. Direction Amossy, Lausanne, Delachaux e Niestlé, 1999, p. 82-83.

MAINGUENEAU, D. *Análise de textos de comunicação*. 2. ed., São Paulo: Cortez, 2002, p. 85.

MARCUSCHI, L. A. Gêneros textuais emergentes no contexto da tecnologia digital. In: MARCUSCHI, L. A.; XAVIER, A. C. (Orgs.). *Hipertexto e gêneros digitais. Novas formas de construção de sentido*. Rio de Janeiro: Lucerna, 2004. p. 13-67.

MARCUSCHI, L. A.; XAVIER, A. C. (Orgs.). *Hipertexto e gêneros digitais. Novas formas de construçao de sentido*. Rio de Janeiro: Lucerna, 2004.

MARTINS FILHO, E. L. *Manual de redação e estilo de O Estado de S. Paulo*, 3. ed. revista e ampliada. O Estado de S.Paulo/Moderna, 2003.

MEURER, J. L., BONINI, A.; MOTTA-ROTH, D. *Gêneros: teorias, métodos, debates*. São Paulo: Parábola, 2005.

MICHAELIS – MODERNO DICIONÁRIO DE LÍNGUA PORTUGUESA (UOL MICHAELIS), 2005. Disponível em <http://www2.uol.com.br/michaelis> Acesso em 2005, 2006, 2007 e 2008.

OLIVEIRA, R. M. C. *Diários públicos, mundos privados: Diário íntimo como gênero discursivo e suas transformações na contemporaneidade*. Mimeografado. Universidade Federal da Bahia, 2002. Disponível em <http://bocc.ubi.pt/pag/oliveira-rosa-meire-diarios-publicos-mundos-privados.html> Acesso em out. 2006.

OLSON, D. R. A escrita e a mente. In: WERTSCH, J. V. *et al. Estudos socio-culturais da mente*. Porto Alegre: Artmed, 1998, p. 89-111.

PEDROSA, C. E. F.. Frase: caracterização do gênero e aplicação pedagógica. In: DIONÍSIO, A. P.; MACHADO, A. R.; BEZERRA, M. A. *Gêneros textuais; Ensino*. Rio de Janeiro: Lucerna, 2002, p.151-165.

POSSENTI, S. *Os humores da língua: agenda estudantil 2003*. Campinas: Mercado de Letras, 2002.

REIS, C.; LOPES, A. C. M. *Dicionário de teoria da narrativa*. São Paulo: Ática, 1988.

REIS, C.; LOPES, A. C. M. *Dicionário de narratologia*. 2. ed. Coimbra: Almedina, 1990.

RODRIGUES, E. *Mágico folhetim. Literatura e jornalismo em Portugal*. Lisboa: Editorial Notícias, 1998.

SCHNEUWLY, B.; DOLZ, J. *et al. Gêneros orais e escritos na escola.* Tradução de Roxane Rojo e Glaís Sales Cordeiro. Campinas: Mercado de Letras, 2004.

XAVIER, A. C.; SANTOS, C. F. *E-forum* na internet: um gênero digital. In: ARAÚJO, J. C.; BIASI-RODRIGUES, B. (Orgs.). *Interação na Internet: novas formas de usar a linguagem*. Rio de Janeiro: Lucerna, 2005, p. 30-38.

WALLACE, P. *The Psychology of the Internet*. Cambridge: Cambridge University Press, 1999.

ZANOTTO, N. *E-mail e carta comercial: estudo contrastivo de gênero textual*. Rio de Janeiro: Lucerna; Caxias do Sul: EDUCS, 2005.

ZAVAM, Á. E-Zine: uma instância da voz do E-excluídos. In: ARAÚJO, J. C. *Internet; Ensino. Novos Gêneros, outros desafios*. Rio de Janeiro: Lucerna, 2007, p. 93-112.

ZINK, R. *Literatura gráfica. Banda desenhada portuguesa contemporânea*. Oeiras: Celta, 1999.

Sites

<http://www.libraryjournal.com>, 2006.

<http://bocc.ubi.pt/pag/oliveira-rosa-meire-diarios-publicos-mundos-privados.html>, 2006.

<http://www.houaiss.uol.com.br>, 2005, 2006, 2007 e 2008.

<http://www2.uol.com.br/michaelis>, 2005, 2006 e 2007.

<http://www.revistaescola.abril.com.br>, 2005.

<http://tecnologia.uol.com.br>, 2005, 2006 e 2008.

<http://www1.folha.uol.com.br/folha/informatica/ult124u20216.shtml>, 2006.

<http://en.wikipedia.Org/wiki/Short_message service>, 2006, 2007 e 2008.

<http://pt.wikipedia.Org/ >, 2006, 2007 e 2008.

<http://www1.folha.uol.com.br/folha/circulo/manual_edicao_t.htm>, 2006.

<http://www.direitonet.com.br/dicionario_juridico>, 2007.

<http://lidiabel.tripod.com/emotic.html>, 2008

<http://www.emprimeiro.com.br/termos-e-siglas >, 2008

<http://www.magickriver.net/assicons.htm>, 2009

<http://www.netlingo.com/ >, 2007, 2008, 2009

<http://www.twitterbrasil.org/> 2009

QUALQUER LIVRO DO NOSSO CATÁLOGO NÃO ENCONTRADO NAS
LIVRARIAS PODE SER PEDIDO POR CARTA, FAX, TELEFONE OU PELA INTERNET.

Rua Aimorés, 981, 8º andar – Funcionários
Belo Horizonte-MG – CEP 30140-071

Tel: (31) 3222 6819
Fax: (31) 3224 6087
Televendas (gratuito): 0800 2831322

@ vendas@autenticaeditora.com.br
www.autenticaeditora.com.br

ESTE LIVRO FOI COMPOSTO COM TIPOGRAFIA MINION
E IMPRESSO EM PAPEL OFF SET 75 G. NA TCS SOLUÇÕES GRÁFICAS E EDITORA.